Königs Erläuterungen und M
Band 288

Erläuterungen zu

Thomas Mann

Tonio Kröger
Mario und der Zauberer

von Wilhelm Große

Bange Verlag

Über den Autor dieser Erläuterung:

Dr. Wilhelm Große: Studium der Germanistik, Philosophie und Pädagogik an der Ruhr-Universität Bochum; Tätigkeit im Schuldienst, in der Lehrerausbildung und -fortbildung; Lehrbeauftragter an der Trierer Universität im Bereich Literaturdidaktik; zahlreiche Publikationen zur deutschsprachigen Literatur vom 18. bis zum 20. Jahrhundert; literaturdidaktische Beiträge.

3., überarbeitete Auflage 2004
ISBN 3-8044-1709-4
© 2000 by C. Bange Verlag, 96142 Hollfeld
Alle Rechte vorbehalten!
Titelabbildung: Thomas Mann
Druck und Weiterverarbeitung: Tiskárna Akcent, Vimperk

Inhalt

Vorwort 4

1. **Thomas Mann: Leben und Werk** 6
1.1. Biografie 6
1.2 Zeitgeschichtlicher Hintergrund 11
1.3 Angaben und Erläuterungen
zu wesentlichen Werken 15

2. *Tonio Kröger* – **Textanalyse und -interpretation** .. 17
2.1 Entstehung und Quellen 17
2.2 Inhaltsangabe 20
2.3 Aufbau 31
2.4 Personenkonstellation und Charakteristiken 38
2.5 Sachliche und sprachliche Erläuterungen 43
2.6 Stil und Sprache 51
2.7 Interpretationsansätze 55

3. *Mario und der Zauberer* – **Textanalyse und
-interpretation** 66
3.1 Entstehung und Quellen 66
3.2 Inhaltsangabe 69
3.3 Aufbau 79
3.4 Personenkonstellation und Charakteristiken 83
3.5 Sachliche und sprachliche Erläuterungen 89
3.6 Stil und Sprache 94
3.7 Interpretationsansätze 96

4. **Themen und Aufgaben zu *Tonio Kröger* und
*Mario und der Zauberer*** 104

5. **Rezeptionsgeschichte und Materialien** 108

Literatur 113

Vorwort

Es dürfte sich mit den beiden im Folgenden vorgestellten Novellen bzw. Erzählungen von Thomas Mann um jene Texte handeln, die neben der Novelle *Der Tod in Venedig* sich dauerhaft im Deutschunterricht der Oberstufe als Lektüren gehalten haben, denn sie sind alle drei nicht sonderlich umfangreich, erlauben damit einen guten Überblick und didaktischen Zugriff, repräsentieren das Werk von Thomas Mann unter verschiedenen, aber sehr wichtigen Aspekten und thematisieren überdies auch heute noch interessante, bedeutsame und ihre Aktualität durch nichts einbüßende Themenkomplexe.

Tonio Kröger ist der meistgelesene Text von Thomas Mann, und noch heute bezieht sowohl das populäre wie auch das wissenschaftliche Thomas-Mann-Bild seine Stichworte aus dieser bis zur Erschöpfung interpretierten und ins Paradigmatische erhobenen Künstler-Novelle.

Tonio Kröger als Fortsetzung der *Buddenbrooks* vermittelt nämlich einen Einblick in das das Werk von Thomas Mann von Beginn an bestimmende Thema des Verhältnisses von Kunst, Leben, Bürgertum und Bürgerlichkeit, ein Thema, das später dann auch wieder im *Tod in Venedig* aufgegriffen wird.

Und so wie Thomas Mann diese Erzählung im Nachhinein als eine erste Ahnung des heraufkommenden Reiches des Faschismus interpretiert, muss er auch in Bezug auf die zweite hier vorgestellte Novelle *Mario und der Zauberer* zugeben, hier gleichsam seismografisch Zeitbewegungen sehr früh aufgenommen zu haben, die sich erst Jahre später ohne Maskierung in aller Deutlichkeit zeigten. Denn in dem Zauberer Cipolla stellt sich der verführerische Künstler vor, der die Menschen vergewaltigt, gegen den sich kein klarer Widerstand regt. Über die Erzählergestalt bringt der Autor sich selber ins Spiel. Es reizt ihn zu ergründen, was ihn an dem Verführer fasziniert und ihn, bei aller überzeichneten Hässlichkeit, mit ihm verbindet. So wird aus der Schilderung eines Reiseerlebnisses eine Erzählung, die, um die Einsichten der Psychoanalyse erweitert, die Probleme der zwiespältigen Rolle der Kunst, die Künstler- und Politikproblematik, das Verhältnis von Trieb und Intellekt und von Verführung und Verführbarkeit umkreist. Es ist Sache der Kunst, die „Verwirrung des Augenscheins" als „ein unbeständiges Trugbild" aufzulösen.

1. Thomas Mann: Leben und Werk

1.1 Biografie

Jahr	Ort	Ereignis	Alter
1875	Lübeck	Am 6. Juni wird Thomas Mann als zweiter Sohn des Kaufmanns und niederländischen Konsuls Johann Heinrich Mann und seiner Frau Julia, geb. da Silva-Bruhns, in Lübeck geboren.	
1877	Lübeck	Der Vater von Thomas Mann wird in den Lübecker Senat gewählt.	2
1882	Lübeck	Besuch einer Lübecker Privatschule.	7
1889	Lübeck	Besuch des Realgymnasiums.	14
1891	Lübeck	Der Vater von Thomas Mann stirbt.	16
1892	Lübeck, München	Die Mutter zieht mit den drei jüngsten Kindern nach München.	17
1894	München	Beendigung der Schule; Volontariat in der Süddeutschen Feuerversicherungsbank; heimliche Niederschrift der Novelle *Gefallen* während der Arbeitszeit; Kündigung; Gasthörer an der Technischen Hochschule München.	19
1896–98	Italien	Italienaufenthalt.	21–23

1.1 Biografie

Jahr	Ort	Ereignis	Alter
1897	Italien	Beginn der Niederschrift von *Buddenbrooks*.	22
1898	München	Rückkehr nach München; erste Buchveröffentlichung *Der kleine Herr Friedemann*; Lektor und Korrektor beim „Simplicissimus".	23
1900		Abschluss der Arbeit an *Buddenbrooks*; Militärdienst bis zur Entlassung wegen Dienstuntauglichkeit.	25
1901		*Buddenbrooks* erscheinen.	26
1902		*Gladius dei*.	27
1903		**Tonio Kröger**, *Tristan*, *Das Wunderkind*.	28
1905	München	Heirat mit Katharina (Katja) Pringsheim; Geburt der Tochter Erika.	30
1906	München	*Fiorenza*; Geburt des Sohnes Klaus.	31
1909	München	*Königliche Hoheit*; *Das Eisenbahnunglück*; Beginn der Arbeit am *Felix Krull*; Sohn Golo geboren.	34
1910	München	Bekanntschaft mit Gustav Mahler; Geburt der Tochter Monika.	35
1911	Italien	Tod Gustav Mahlers; Aufenthalt auf dem Lido bei Venedig.	36
1912		*Der Tod in Venedig* erscheint.	37
1913	München	Beginn der Arbeit am *Zauberberg*.	38

1.1 Biografie

Jahr	Ort	Ereignis	Alter
1918	München	*Betrachtungen eines Unpolitischen*; Tochter Elisabeth geboren.	43
1919	München	Sohn Michael geboren.	44
1922	München	*Von deutscher Republik*; Aussöhnung mit Heinrich Mann.	47
1923		Tod der Mutter.	48
1924		*Der Zauberberg* erscheint.	49
1925		Beginn der Arbeit an *Joseph und seine Brüder*.	50
1929	Stockholm	Nobelpreis für Literatur.	54
1930		**Mario und der Zauberer**;	55
	Berlin	*Deutsche Ansprache. Ein Appell an die Vernunft.*	
1932		*Goethe als Repräsentant des bürgerlichen Zeitalters. Rede zum 100. Todestag Goethes.*	57
1933	Küsnacht	11. Febr. Abreise nach Holland, Beginn der Emigration, Aufenthalt in der Schweiz, an der französischen Riviera, Niederlassung in Küsnacht bei Zürich, Ablehnung des Beitritts zur Reichsschrifttumskammer; *Die Geschichten Jaakobs, Joseph und seine Brüder. Der erste Roman.*	58
1934	USA	Erste Reise in die Vereinigten Staaten.	59

1.1 Biografie

Jahr	Ort	Ereignis	Alter
1935	USA	Zweite Reise in die USA; Ehrendoktorwürde der Harvard-University.	60
1936	Küsnacht	Aberkennung der deutschen Staatsangehörigkeit; Aberkennung der Doktorwürde der Philosophischen Fakultät der Universität Bonn.	61
1937	USA	Dritte Reise in die USA.	62
1938	USA	Zweite Emigration über Paris und Bolougne in die Vereinigten Staaten; Professur in Princeton.	63
1939		*Bruder Hitler*; *Lotte in Weimar*.	64
1940	Pacific Palisades	Umzug nach Kalifornien; Beginn der monatlichen Radiosendungen *Deutsche Hörer!* (bis 1945); *Die vertauschten Köpfe*.	65
1943	Pacific Palisades	Abschluss der Arbeit an *Joseph und seine Brüder*.	68
1944	Pacific Palisades	*Das Gesetz*; Erwerb der amerikanischen Staatsbürgerschaft.	69
1945	Pacific Palisades	*Deutschland und die Deutschen*.	70
1947	Pacific Palisades	*Doktor Faustus*.	72

1.1 Biografie

Jahr	Ort	Ereignis	Alter
1949	Pacific Palisades; Frankfurt; Weimar	*Die Entstehung des Doktor Faustus. Roman eines Romans.*; *Ansprache im Goethejahr 1949* in Frankfurt; Verleihung des Goethe-Preises der Stadt Frankfurt; Ansprache in Weimar, Verleihung des Goethe-Preises, Ehrenbürgerrecht der Stadt Weimar; Freitod des Sohnes Klaus.	74
1950		Tod des Bruders Heinrich.	75
1951		*Der Erwählte*.	76
1952	Zürich	Rückkehr nach Europa; Übersiedlung in die Schweiz.	77
1953		*Die Betrogene*.	78
1954		*Bekenntnisse des Hochstaplers Felix Krull*.	79
1955	Zürich	*Versuch über Schiller*; Ehrenbürger der Stadt Lübeck; am 12. August stirbt Thomas Mann im Kantonsspital Zürich.	80

1.2 Zeitgeschichtlicher Hintergrund

Da *Tonio Kröger* 1903, *Mario und der Zauberer* 1930 entstanden ist, umfasst die folgende Tabelle historischer Daten aus Weltpolitik, Wirtschaft, Gesellschaft, Naturwissenschaft, Technik, Kunst, Literatur, Philosophie und Musik die ersten drei Jahrzehnte des 20. Jahrhunderts:

Weltpolitik

1899	Haager Friedenskonferenz über die friedliche Belegung internationaler Konflikte; Burenkrieg
1900	Niederschlagung des ‚Boxer-Aufstandes' in China durch die europäischen Großmächte; zweites Flottengesetz des Deutschen Reichstages
1901	Scheitern der deutsch-britischen Bündnisverhandlungen
1905	Erste Marokkokrise
1911	Revolution in China und Sturz der Monarchie; Zweite Marokkokrise
1912	Scheitern der deutsch-britischen Flottengespräche
1913	Beginn des Ersten Weltkrieges
1917	Russische Revolution; Kriegseintritt der USA
1918	Frieden von Bresk-Litowsk zwischen der Sowjetunion und den Mittelmächten; Revolution in Deutschland; Waffenstillstand; Bürgerkrieg in der Sowjetunion
1922	Vertrag von Rapallo zwischen Deutschland und der Sowjetunion; ‚Marsch auf Rom'; italienische Faschisten unter Mussolini bilden die Regierung

1.2 Zeitgeschichtlicher Hintergrund

1923	Ruhrbesetzung durch Frankreich (Räumung 1925 beendet); Hitler-Ludendorff-Putschversuch in München
1924	Tod Lenins und Aufstieg Stalins zur Alleinherrschaft
1932	Internationale Abrüstungskonferenz in Genf; Konferenz in Lausanne beschließt Ende der Reparationen
1933	Ernennung Hitlers zum Reichskanzler

Wirtschaft und Gesellschaft

1900	Bürgerliches Gesetzbuch tritt in Kraft; Eröffnung der Métro in Paris
1901	Frauenstudium in Baden zugelassen
1911	Einführung der Angestelltenversicherung in Deutschland
1912	Treffen der Jugendbewegung auf dem Hohen Meißner; Einführung des Fließbands bei Ford
1918	Achtstundentag in Deutschland; Wahlrecht für Frauen im Deutschen Reich
1923	Inflation und Währungsreform
1927	Einführung der Arbeitslosenversicherung in Deutschland
1928	Ruhreisenstreit
1932	Über sechs Millionen Arbeitslose in Deutschland

1.2 Zeitgeschichtlicher Hintergrund

| 1933 | Beginn der starken Emigration aus Deutschland, verursacht durch den nationalsozialistischen Terror |

Naturwissenschaft und Technik

1902	Drahtlose Atlantikverbindung
1902	Erster bemannter Motorflug
1905	Albert Einsteins Relativitätstheorie
1908	Erstes deutsches Fernsprech-Ortsnetz für Selbstwähler
1911	Amundsen als Erster am Südpol; Rutherfords Atommodell
1912	Untergang der ‚Titanic'
1923	Erste regelmäßige Rundfunksendung in Deutschland
1927	Atlantikflug von Charles Lindbergh
1928	Erste Versuchssendung des Fernsehens in Berlin

Kunst, Literatur, Philosophie und Musik

1900	Freuds *Traumdeutung*
1905	Gründung der Künstlervereinigung ‚Brücke' in Dresden
1909	Marinettis *Futuristisches Manifest*; Schönbergs ‚Drei Klavierstücke', op. 6
1910	Kandinsky malt sein erstes abstraktes Bild

1.2 Zeitgeschichtlicher Hintergrund

1911	Gründung der Künstlervereinigung ‚Der Blaue Reiter' in München
1917	Gründung der Universum-Film AG (Ufa)
1918	Gründung des ‚Staatlichen Bauhauses' in Weimar durch Gropius
1929	Gründung des ‚Museums of Modern Art' in New York
1930	Eröffnung des Hauses des Rundfunks in Berlin

1.3 Angaben und Erläuterungen zu wesentlichen Werken

Es sind vor allem folgende Werke, die in die Zeit zwischen der Entstehung von *Tonio Kröger* und *Mario und der Zauberer* fallen:

Königliche Hoheit,
Der Tod in Venedig,
Betrachtungen eines Unpolitischen,
Der Zauberberg.

In dem ‚Prinzenroman' **Königliche Hoheit**, der 1909 erschien, greift Mann wieder das Thema des vornehm-überlegenen Außenseiter-Dichters auf, der seinen Platz in der Gesellschaft sucht, ohne sich trivialisieren zu müssen. Die von *Tonio Kröger* her bekannte Sehnsucht nach dem Gewöhnlichen ist das strukturelle Gegengewicht. Das ‚strenge Glück' einer Ehe, die zugleich eine Annäherung an das ‚Volk' sein soll, beschließt den Roman hoffnungsvoll.

Thomas Mann lässt seine Arbeit an dem begonnenen Roman **Felix Krull** zugunsten der Arbeit an der Novelle **Der Tod in Venedig** (1912) liegen. Auch diese Novelle ist wie *Tonio Kröger* eigentlich eine Künstlernovelle. Der große, aber in seinen Ruhm eingesperrte Schriftsteller Aschenbach wird durch eine homoerotische Leidenschaft zugleich befreit und getötet, so dass nur er und nicht die ‚respektvoll erschütterte Welt' weiß, dass er seine Würde verloren hat.

> Künstlernovelle

Nach dem *Tod in Venedig* greift Mann zunächst den *Krull* wieder auf, beginnt dann aber den **Zauberberg**, was erst eine Erzählung werden sollte, für die er Stoff während eines Besuches seiner lungenkranken Frau in Davos gesammelt hatte. Daraus wurde ein Roman, der erst 1924 zur Veröffentlichung kam. Auch dies ist die Geschichte einer Entbürgerlichung, nur geschieht sie diesmal nicht einem Schriftsteller, sondern einem schlichten Hamburger Bürgersohn, der bei seinem so nicht geplanten, aber immer wieder in die Länge gezogenen Sanatoriumsaufenthalt zwischen zwei ‚Erzieher' gerät, den kommunistischen Jesuiten Naphta einerseits, der sich an der anti-liberalen Ideologie einer gewaltsamen Veränderung der Welt zum Zweck der Herstellung eines Gottesreiches berauscht, und andererseits den fortschrittsgläubigen und liberalen Settembrini.

Noch vor Vollendung seines *Zauberbergs* legt Mann seinen Essay, die **Betrachtungen eines Unpolitischen**, vor (1918), die – wie auch der *Zauberberg* – direkte oder indirekte Reaktion auf den Ersten Weltkrieg sind.

2. *Tonio Kröger* – Textanalyse und -interpretation

2.1 Entstehung und Quellen

Im *Lebensabriss* (1930) teilt Thomas Mann über die Entstehung seiner Erzählung *Tonio Kröger* mit:

„Die Konzeption ging zurück in die Zeit der Arbeit an Buddenbrooks, das Jahr meiner Tätigkeit bei Langen [Thomas Mann war ab Herbst 1898 Lektor und Korrektor in der ‚Simplizissimus'-Redaktion des Verlages Albert Langen in München]. Ich benutzte damals einen vierzehntägigen Sommerurlaub zu jener Reise über Lübeck nach Dänemark, von der in der Novelle die Rede ist, und meine Eindrücke in dem kleinen Badeort Aalsgaard am Sund, nahe Helsingör, bildeten den Erlebniskern, um den nun die beziehungsreiche kleine Dichtung zusammenschloss. Ich schrieb sie sehr langsam. Namentlich das lyrisch-essayistische Mittelstück, das Gespräch mit der (durchaus fingierten) russischen Freundin, kostete mich Monate, und ich erinnere mich, dass ich das Manuskript während eines meiner wiederholten Aufenthalte in Riva am Gardasee, in R. von Hartungens Haus zur Sonne, bei mir hatte, ohne um eine Zeile vorwärts zu kommen."[1]

In die Entstehungszeit fällt auch folgender Brief an seinen Bruder Heinrich Mann vom 13. Februar 1901, in dem er bereits ein wichtiges Thema seines *Tonio Kröger* präludiert:

---

1 GW, Bd. 11, S. 115

2.1 Entstehung und Quellen

> *"Wenn der Frühling kommt, werde ich einen innerlich unerhört bewegten Winter hinter mir haben. Depressionen wirklich arger Art mit vollkommen ernst gemeinten Selbstabschaffungsplänen haben mit einem unbeschreiblichen, reinen und unverhofften Herzensglück gewechselt, mit Erlebnissen, die sich nicht erzählen lassen, und deren Andeutung natürlich wie Renommage wirkt. Sie haben mir aber Eines bewiesen, diese sehr unlitterarischen, sehr schlichten und lebendigen Erlebnisse: nämlich, dass es in mir doch noch etwas Ehrliches, Warmes und Gutes gibt und nicht bloß Ironie, dass in mir doch noch nicht Alles von der verfluchten Litteratur verödet, verkünstelt und zerfressen ist. Ach, die Litteratur ist der Tod! Ich werde niemals begreifen, wie man von ihr beherrscht sein kann, ohne sie bitterlich zu hassen! Das Letzte und Beste, was sie mich zu lehren vermag, ist dies: den Tod als eine Möglichkeit aufzufassen, zu ihrem Gegentheil, zum Leben zu gelangen. Mir graut vor dem Tage, und er ist ja nicht fern, wo ich wieder allein mit ihr eingeschlossen sein werde, und ich fürchte, dass die egoistische Verödung und Verkünstelung dann rasche Fortschritte machen wird ... Genug! In alle diese Wechselfälle von Glut und Frost, von lebensvoller Gehobenheit und Sterbensekel platzte neulich ein Brief von S. Fischer hinein, in dem er mir mittheilte, dass er zum Frühjahr zunächst einen zweiten kleinen Novellenband von mir bringen [...] wolle."*[2]

In einem Brief an Paul Ehrenberg vom 28. Januar 1902, dem Thomas Mann eine Rezension seines *Buddenbrooks*-Romans von Richard Schaukal beilegt, äußert er sich in einer Art, dass man daraus bereits die Problematik des *Tonio Kröger* heraushören kann, wie folgt:

---

2 *Thomas Mann – Heinrich Mann: Briefwechsel 1900–1949*, hrsg. v. Hans Wysling, Frankfurt 1968, S. 13 f.

2.1 Entstehung und Quellen

> *„In Wahrheit bin ich aller dieser Lobpreisungen meines Talentes entsetzlich überdrüssig, denn sie entschädigen mich eben n i c h t für das Fehlende. Wo ist der Mensch, der zu mir, dem Menschen, dem nicht sehr liebenswürdigen, launenhaften, selbstquälerischen, ungläubigen, argwöhnischen aber empfindenden und nach Sympathie ganz ungewöhnlich heißhungrigen Menschen, Ja sagt."*[3]

Thomas Manns Reise von Lübeck nach Dänemark fällt in den September 1899. Während des Aufenthaltes in Aalsgaard, spätestens jedoch vor Weihnachten 1899, entwirft Thomas Mann *Tonio Kröger* „unbewusst"[4] und macht sich erste Notizen. Anfang 1901 wendet sich Mann vom *Tonio Kröger* ab und dem *Tristan* zu, der im Juni 1901 abgeschlossen wird. In der Folgezeit finden sich in den Notizbüchern immer wieder Einträge zum *Tonio*. Die Arbeit verstärkt sich jedoch erst wieder im Sommer 1902, wird dann nochmals durch *Die Hungernden* unterbrochen. Bei einem zweiten Aufenthalt am Gardasee (Anfang Oktober bis Mitte November 1902) macht offensichtlich die Arbeit am *Tonio Kröger* Fortschritte. Wann die Arbeit abgeschlossen werden konnte, lässt sich nicht genau ermitteln.

Aufenthalt am Gardasee

Die Erzählung erschien im Februarheft 1903 der „Neuen deutschen Rundschau". Gleichzeitig mit dem Abdruck in der Zeitschrift erscheint die Novelle als letztes Stück in der Sammlung *Tristan. Sechs Novellen*, der Mann das Motto voranstellte: Dichten, das ist Gerichtstag über sich selbst halten (nach Henrik Ibsen).

---

3 *Briefe* 3, S. 432
4 *GW*, Bd. 11, S. 381

2.2 Inhaltsangabe

1. Kapitel (S. 7–17)

Das erste Kapitel der Erzählung ist eine Episode aus der Jugend Tonio Krögers. Es ist ein Wintertag, der Schulunterricht an diesem Tage gerade beendet, und der vierzehnjährige Tonio wartet auf seinen Freund Hans vor dem Schulgebäude, um mit diesem, wie verabredet, den Nachhauseweg anzutreten, was Hans offensichtlich vergessen hat, denn er will zunächst mit anderen Klassenkameraden den Heimweg antreten. Als ihn aber Tonio an die Verabredung erinnert, verabschiedet sich Hans von den anderen Kameraden und begleitet „Kröger" auf dem Weg. Beide Schüler entstammen wohlhabenden Kaufmannsfamilien in einer engen Stadt in Norddeutschland. Hans ist ein hübscher, wohlgestalteter Junge, der eine Seemanns-Überjacke trägt, darunter einen Marine-Anzug; Tonio trägt einen grauen Gurt-Paletot. Gegensätze prägen das Freundespaar. Während Hans freiliegende und scharf blickende stahlblaue Augen und blondes Haar hat, blickt träumerisch unter Tonios runder Pelzmütze aus einem brünetten und ganz südlich scharf geschnittenen Gesicht ein dunkles, zart umschattetes Augenpaar mit zu schweren Lidern hervor. Mund und Kinn sind bei ihm weich ausgebildet. Auch in der Gangart unterscheiden sich die Freunde: Hans schreitet elastisch und taktfest einher, Tonio geht nachlässig und ungleichmäßig.
Tonio empfindet für Hans Liebe, und insofern leidet er einerseits unter den Unaufmerksamkeiten und Unzuverlässigkeiten seines Freundes, andererseits freut es ihn umso mehr, als ihm Hans einredet, er hätte die Verabredung nicht vergessen, nur

Jugend Tonio Krögers

2.2 Inhaltsangabe

geglaubt, wegen des schlechten Wetters sei Tonio bereits nach Hause gegangen.

Tonio hat für sich im Umgang mit Hans die Erfahrung gemacht, dass „wer am meisten liebt, der Unterlegene sei und leiden müsse". Erfahrungen wie diese hat der Vierzehnjährige „bereits vom Leben entgegengenommen; und er [ist] so geartet, dass er solche Erfahrungen wohl vermerkt, sie gleichsam innerlich aufschr[eibt]", als sei dies der Keim seiner späteren schriftstellerischen Laufbahn. Solche Einsichten bis auf den Grund zu empfinden und völlig auszudenken, bereitet ihm großen Spaß, und er hängt solchen Gedanken auch in der Schule nach. Er achtet „solche Lehren weit wichtiger und interessanter als die Kenntnisse, die man ihm in der Schule aufnötigt". So ist er nicht der Klassenprimus. Dies ist Hans. Tonio findet es sogar richtig, dass sein Vater, ein „langer, sorgfältig gekleideter Herr mit sinnenden blauen Augen, der immer eine Feldblume im Knopfloch trug", wegen der schulischen Leistungen seines Sohnes erzürnt und bekümmert ist. Ganz anders eingestellt ist dagegen Tonios Mutter, Consuelo Kröger, schwarzhaarig, aus dem Süden Europas stammend, eine dunkle, feurige Frau, die sich ganz der Kunst hingibt. Sie spielt wunderbar den Flügel und die Mandoline. Tonio selbst lehnt die „heitere Gleichgültigkeit der Mutter" teilweise ab und hat Verständnis für den Vater, wenn dieser ihm wegen seiner mangelnden Leistungen zürnt. Tonio schätzt an dem Vater dessen respektable und würdige Art und redet sich selbst ein, er sei doch „kein Zigeuner im grünen Wagen", gehöre also nicht zu den Asozialen. Trotz dieser Haltung denkt Tonio nicht daran, seine Eigenarten und seine Andersartigkeit abzulegen. Er denkt sich: „Es ist gerade genug, dass ich bin, wie ich bin, und mich nicht ändern will und kann, fahrlässig, widerspenstig und auf Dinge bedacht, an die sonst niemand denkt." So interessiert sich der künftige Schriftsteller für den Springbrunnen, den alten Walnussbaum, seine Geige, die Ostsee, „deren sommerliche Träume er in den Ferien belauschen durfte". Er umstellt sich geradezu mit diesen Dingen; zwischen ihnen spielt sich sein inneres Leben ab, und er macht erste Versuche, ihren Namen „mit guter Wirkung in Versen zu verwenden".

Tonio weiß um seine Sonderbarkeit, er fragt sich selbst, warum er so sonderlich sei und „in Widerstreit mit allem", fremd unter all den Jungen, abgegrenzt von der von ihnen repräsentierten, soliden Mittelmäßigkeit.

Tonios Liebe zu Hans Hansen erklärt sich daraus, dass Hansen zum einen schön ist, zum andern aber liebt er in ihm genau das Widerspiel und das Gegenteil zu sich selbst. Hans reitet, turnt, schwimmt und erfreut sich allgemeiner Beliebtheit, lebt in „Ordnung und glücklicher Gemeinschaft mit aller Welt" und ist immer „auf eine wohlanständige und allgemein respektierte Weise" beschäftigt, während sich Tonio wie ein Müßiggänger vorkommt, der „verloren im Sand liege und auf die geheimnisvoll wechselnden Mienenspiele starrt, die über des Meeres Antlitz huschen". Was Tonio vor Hans Hansen auszeichnet, ist seine „Gewandtheit des Mundes, [...] schwierige Dinge auszusprechen"; wiederum ein Hinweis auf seine künftige Tätigkeit als Schriftsteller.

Tonio versucht zuweilen, eine „geistige Gemeinschaft" mit Hans Hansen herzustellen, muss sich aber in dieser Absicht meist enttäuscht sehen. So auch auf dem Nachhauseweg, als Tonio Hansen nahe legt, Schillers Schauspiel *Don Carlos*, das ihn so begeistert, ebenfalls zu lesen. Hansen geht zwar zunächst darauf ein, wenn ihm auch seine Pferdebücher wesentlich lieber sind. Dann aber vergisst er den Vorschlag, als ein anderer Freund, Erwin Jimmerthal, beide Mitschüler unterwegs trifft und sich mit ihnen über Reitstunden unterhält.

Hans Hansen begreift durchaus, dass in Tonio für ihn eine „zarte Empfindung lebendig sei", aber Tonio hat nur selten das Gefühl, dass es ihm gelungen sei, Hansen, wenn auch nur für einen Augenblick, zu sich „herübergezogen" zu haben; aber auch dies ist immer nur „scheinbar gelungen".

Am Ende der im ersten Kapitel erzählten Episode heißt es zusammenfassend für die seelische Verfasstheit Tonios, der darunter leidet, dass er seine Besonderung erkennt, sein Ausgeschlossensein von den Ordentlichen und Gewöhnlichen, und der seine Sonderstellung in der Gemeinschaft und deren Verhalten ihm gegenüber klar durchschaut: „Damals lebte sein Herz; Sehnsucht war darin und schwermütiger Neid und ein klein wenig Verachtung und eine ganze keusche Seligkeit.", ein Satz, der am Ende des letzten Kapitels wortwörtlich wieder aufgenommen werden wird.

2. Kapitel (S. 17–24)

Die zweite Episode ist zwei Jahre später angesiedelt. Die Liebe des nunmehr sechzehnjährigen Tonio gehört der blonden, blauäugigen Inge Holm, der Tochter des Arztes Holm. „Aber obgleich er genau wusste, dass die Liebe ihm viel Schmerz, Drangsal und Demütigung bringen müsse, dass sie überdies den Frieden zerstöre und das Herz mit Melodien überfülle, ohne dass man Ruhe fand, eine Sache rund zu formen und in Gelassenheit etwas Ganzes daraus zu schmieden, so nahm er sie doch mit Freuden auf, überließ sich ihr ganz [...], denn er wusste, dass sie reich und lebendig mache, und er sehnte sich, reich und

> Sechzehnjähriger Tonio

2.2 Inhaltsangabe

lebendig zu sein, statt in Gelassenheit etwas Ganzes zu schmieden." Inge Holm beachtet Tonio jedoch nicht. Er fürchtet, sie verachte ihn womöglich, weil er „poetische Sachen" schreibt. Gerade aber seiner Verse wegen interessiert sich die Tochter des Rechtsanwaltes, Magdalena Vermehren, für Tonio. Tonio ist aber an Magdalena, die beim Tanzen aus Ungeschicklichkeit immer hinfällt, völlig desinteressiert. Als ihn beim Tanz die Nähe zu Inge gänzlich verwirrt, verliert er jede Konzentration auf die Tanzfiguren und blamiert sich fürchterlich vor der Tanzgesellschaft. Auch Inge lacht ihn herzhaft aus, worunter er einerseits leidet, andererseits genießt er aber auch das Gefühl des Ausgeschlossenseins. Tonio verharrt in diesem ambivalenten Gefühl: „Zu fühlen, wie wunderbare spielende und schwermütige Kräfte sich in dir regen, und dabei zu wissen, dass diejenigen, zu denen du dich hinübersehnst, ihnen in heiterer Unzugänglichkeit gegenüberstehen, das tut sehr weh. Aber obgleich er einsam, ausgeschlossen und ohne Hoffnung vor einer geschlossenen Jalousie [steht] und in seinem Kummer tut, als könne er hindurchblicken, so [ist] er dennoch glücklich. Denn damals lebte sein Herz."

3. Kapitel (S. 24–27)

Tonio geht den Weg, den er „gehen musste". Er wird Künstler,

Tonio wird Künstler

verlässt die norddeutsche Stadt, zieht in eine südlich gelegene große Städte und ist „voller Spott für das plumpe und niedrige Dasein, das ihn so lange in seiner Mitte gehalten hat."

Daheim ist die Mutter seines Vaters gestorben, ihr folgt schnell sein Vater nach, so dass das Kröger'sche Haus zum Verkauf angeboten und die Firma „ausgelöscht" wird. Tonios

2.2 Inhaltsangabe

Mutter heiratet schnell nach dem Tode des Vaters einen Musiker, einen Virtuosen mit italienischem Namen, dem sie nach dem Süden folgt.

Tonio ergibt sich ganz nunmehr als Schriftsteller der „Macht des Geistes und des Wortes, die lächelnd über dem unbewussten und stummen Leben thront". Mit der Qual und dem Hochmut der Erkenntnis befällt ihn allerdings auch die Einsamkeit, „weil es ihn im Kreise der Harmlosen mit dem fröhlich dunklen Sinn nicht litt und das Mal an seiner Stirn sie verstörte". So ohne Liebe und mit einem „toten Herzen" gerät er „in Abenteuer des Fleisches, stieg hinab in Wollust und heiße Schuld und litt unsäglich dabei". Er entwickelt in sich einen Ekel und Hass gegen die Sinne und strebt zum Ausgleich künstlerisch die höchste formale Reinheit an. So kommt es dazu, dass „er, haltlos zwischen krassen Extremen, zwischen eisiger Geistigkeit und verzehrender Sinnenglut hin- und hergeworfen, unter Gewissensnöten ein erschöpfendes Leben führt, ein ausbündiges, ausschweifendes und außerordentliches Leben, das er, Tonio Kröger, im Grunde verabscheute". Die Gesundheit verlässt ihn, aber in dem Maße, wie seine Gesundheit geschwächt wird, verschärft sich seine Künstlerschaft. Er wird äußerst wählerisch, „erlesen, fein, reizbar gegen das Banale und aufs höchste empfindlich in Fragen des Taktes und Geschmacks". Künstlerisch wird er immer erfolgreicher, zumal er der „schmerzlichen Gründlichkeit seiner Erfahrungen" seinen aus seiner bürgerlichen Herkunft stammenden „zäh ausharrenden und ehrsüchtigen Fleiß" hinzufügen kann. Er arbeitet nach der Maxime, „dass man gestorben sein muss, um ganz ein Schaffender zu sein".

2.2 Inhaltsangabe

4. Kapitel (S. 28–41)

Tonio besucht die aus Russland stammende, nun in derselben Stadt wie Tonio wohnende Künstlerin Lisaweta Iwanowna. Mit ihr unterhält er sich über das Verhältnis von Kunst und Leben. Tonio erzählt Lisaweta von dem Erkenntnisekel, der ihn befallen habe, davon, dass er trotzdem kein Nihilist sei und sich noch immer nach den „Wonnen der Gewöhnlichkeit" sehne: „Der ist noch lange kein Künstler, dessen letzte und tiefste Schwärmerei das Raffinierte, Excentrische und Satanische ist, der die Sehnsucht nicht kennt nach dem Harmlosen, Einfachen und Lebendigen, nach ein wenig Freundschaft, Hingebung, Vertraulichkeit und menschlichem Glück, – die verstohlene und zehrende Sehnsucht nach den Wonnen der Gewöhnlichkeit."

Das Gespräch zwischen Tonio und Lisaweta ist jedoch mehr ein Monolog, denn Lisawetas Beiträge beschränken sich im Wesentlichen auf einige Zwischenbemerkungen, allerdings ist sie es, die am Ende des Gesprächs das von Tonio formulierte Problem mit wenigen Worten löst: „Ich habe Ihnen gut zugehört, Tonio, von Anfang bis zu Ende, und ich will Ihnen die Antwort geben, die auf Alles passt, was Sie heute Nachmittag gesagt haben, und die Lösung ist für das Problem, das Sie so sehr beunruhigt hat. [...] Die Lösung ist die, dass Sie, wie Sie da sitzen, ganz einfach ein Bürger sind." Dann fügt sie noch hinzu: „Ein Bürger auf Irrwegen, Tonio Kröger, – ein verirrter Bürger."

Tonio fühlt sich angesichts dieser Aussage zutiefst getroffen, er verlässt das Atelier der Künstlerin mit den Worten: „Ich danke Ihnen, Lisaweta Iwanowna; nun kann ich getrost nach Hause gehen. Ich bin erledigt."

Lisaweta Iwanowna

2.2 Inhaltsangabe

5. Kapitel (S. 41–42)

Im folgenden Herbst erklärt Tonio Lisaweta, dass er nach Dänemark reisen wolle, dem Land Hamlets, mit dem als „diesem typischen Literaten" er sich gerne vergleicht. Er schlägt nicht mehr den Weg nach Italien ein, dieses Land ist ihm nunmehr „bis zur Verachtung gleichgültig" geworden; er will in den Norden, will an die Ostsee und wählt seine Reiseroute so, dass er seinen „Ausgangspunkt", d. h. seine Vaterstadt auf dem Wege nach Dänemark wiedersehen wird.

6. Kapitel (S. 43–53)

In diesem Kapitel hat Tonio seine Vaterstadt erreicht. Niemand erkennt ihn dort, im Gegenteil, man begegnet ihm mit Misstrauen. In sein Vaterhaus hat die Volksbibliothek Einzug gehalten. Unter dem Vorwand, er wolle Einblick in die Büchersammlung nehmen, betritt er die alten Räumlichkeiten. Ein Blick durch das Fenster zeigt ihm den nunmehr verwüsteten Garten, nur der „alte Walnussbaum stand an seinem Platze".

Als er wenig später das Hotel, in dem er übernachtet hat, verlassen will, bittet ihn der Besitzer des Hotels um „eine Unterredung von zwei Worten". Der Hotelier wird von einem Polizisten begleitet, der Tonio um seine Papiere bittet. Tonio hat jedoch seine Ausweispapiere nicht bei sich, so dass er sich durch die Korrekturfahnen einer Novelle, die er zufälligerweise mit sich führt, auszuweisen versucht. Im Verlaufe des Gesprächs stellt sich heraus, dass die Polizei einen Hochstapler sucht und vermutet, diesen in Tonio gefunden zu haben. Tonio unterlässt bewusst den Hinweis darauf, dass er der Sohn des ehemaligen

Tonio in seiner Vaterstadt

2.2 Inhaltsangabe

Konsuls der Stadt, Kröger, sei. Während der Polizist skeptisch bezüglich der Identität Tonios bleibt, bittet der Hotelier Seehaase darum, die Untersuchung zu beenden. Tonio kann daraufhin seine Reise nach Dänemark fortsetzen.

7. Kapitel (S. 53–59)

Tonio setzt mit dem Schiff nach Dänemark über. Auf dem Schiff trifft er mit einem jungen Kaufmann aus Hamburg zusammen, dessen sentimentale Äußerungen Tonio vermuten lassen, auch er schreibe Verse, „tief ehrlich empfundene Kaufmannsverse". Tonio ist von dem „tanzenden Meer" wieder begeistert und „blickt hinaus in all den unbändigen Übermut. In ihm schwang sich ein Jauchzen auf, und ihm war, als sei es mächtig genug, um Sturm und Flut zu übertönen. Ein Sang an das Meer, begeistert von Liebe tönte in ihm. [...] Aber dann war das Gedicht zu Ende. Es ward nicht fertig, nicht rund geformt und nicht in Gelassenheit zu etwas Ganzem geschmiedet. Sein Herz lebte."

Das Meer

Am nächsten Morgen hat das Schiff Kopenhagen erreicht. Tonio verbringt dort geraume Zeit, schifft sich erneut unruhig ein und fährt weiter nordwärts die Küste von Seeland entlang gen Helsingör. Dort schließlich, in Aalsgaard, quartiert er sich in einem kleinen Badehotel ein.

8. Kapitel (S. 59–71)

In Aalsgaard wird von einer Ausflugsgesellschaft eine Reunion, eine Tanzveranstaltung, organisiert. Man feiert ein ausgelassenes Fest, von dem sich Tonio zurückzieht. Das Tanzstundenerlebnis des sechzehnjährigen Tonio wiederholt sich: Tonio flieht vor dem Fest auf die Veranda, um von dort aus die Tanzenden zu beobachten, wie er sie einst hinter der Jalousie beobachtete. Beim Anblick der Tanzenden meint er, unter ihnen Hans Hansen und Ingeborg Holm, seine Jugendlieben, wiederzuerkennen. In Wirklichkeit handelt es sich aber um ein dänisches Paar. Auch Magdalena Vermehren taucht in Gestalt eines blassen Mädchens unter den Tanzenden auf. „Sie hatte nicht viel getanzt. [...] Auch jetzt stand sie allein. [...] Gesenkten Kopfes blickte sie Tonio Kröger von unten herauf mit schwarzen, schwimmenden Augen an. Er wandte sich ab." Nachdem Tonio zu den Tanzenden getreten ist, nähert sich das Mädchen Tonio und fällt – wie früher Magdalena Vermehren – vor ihm hin. „Da trat Tonio Kröger vor, fasste sie sacht an den Armen und hob sie auf. Abgehetzt, verwirrt und unglücklich sah sie zu ihm empor, und plötzlich färbte ihr zartes Gesicht sich mit einer matten Röte."

> Das Tanzstundenerlebnis wiederholt sich

Nachdem sich Tonio von dem Fest zurückgezogen hat, ist er berauscht. Er fühlt erneut, dass „sein Herz lebt". Er stellt sich die Frage, was aus ihm seit seiner Jugend geworden ist: „Erstarrung; Öde; Eis; und Geist! Und Kunst!" Ihn übermannt ein Gefühl des Heimwehs und er „schluchzt vor Reue" angesichts der erinnerten „Abenteuer der Sinne, der Nerven und des Gedankens, die er durchlebt, sah sich zerfressen von Ironie und Geist, verödet und gelähmt von Erkenntnis, halb aufgerieben von den Fiebern und Frösten des Schaffens, haltlos und unter Gewissensnöten zwischen krassen Extremen, zwischen Heiligkeit und Brunst hin- und hergeworfen, raffiniert, verarmt, erschöpft von kalten und künstlich erlesenen Exaltationen, verirrt, verwüstet, zermartert, krank."

2.2 Inhaltsangabe

9. Kapitel (S. 72–73)

Wie versprochen schreibt Tonio von seinem dänischen Aufenthaltsort einen Brief an seine Freundin, Lisaweta Iwanowna, in dem er ihr seine neu gewonnene Einstellung zur Kunst unterbreitet: Er will sich vom Literaten zum Dichter hin entwickeln, d. h. er entdeckt in sich seine „Bürgerliebe zum Menschlichen, Lebendigen und Gewöhnlichen" und will sie auch in Zukunft nicht mehr verleugnen, denn „alle Wärme, alle Güte, aller Humor kommt aus ihr [der Bürgerliebe], und fast will mir scheinen, als sei sie jene Liebe selbst, von der geschrieben steht, dass Einer mit Menschen-und Engelszungen reden könne und ohne sie doch nur ein tönendes Erz und eine klingende Schelle sei." Und er beschließt den Brief mit einer Bitte an Lisaweta, die eine Formulierung am Ende des ersten Kapitels wortwörtlich wiederholt: „Schelten Sie diese Liebe nicht, Lisaweta; sie ist gut und fruchtbar. Sehnsucht ist darin und schwermütiger Neid und ein klein wenig Verachtung und eine ganze keusche Seligkeit."

> Vom Literaten zum Dichter

2.3 Aufbau

Thomas Mann bezeichnet seinen *Tonio Kröger* sowohl als Erzählung wie auch als Novelle, als Prosaballade oder als lyrische Novelle, legt sich also keineswegs eindeutig auf die von ihm realisierte literarische Gattung fest. Man wird auch konstatieren müssen, dass der Text nur wenige Handlungsmomente enthält, dass man seine Handlung allenfalls als den Werdegang eines Künstlers bzw. als die Entwicklung eines jungen Mannes zum Literaten und von dort aus zum Dichter umschreiben kann. Dies wird aber nicht in einer durchgehenden Erzählhandlung vorgestellt, sondern aus der erzählten Zeit von etwas mehr als sechzehn Jahren (am Anfang ist Tonio 14, später dann ein Mann „jenseits der Dreißig", s. 4. Kap.) werden nur einige wenige Episoden herausgenommen und erzählerisch aneinander gereiht. Eingestreut in diese Episoden sind Passagen, die einen mehr essayistischen Charakter haben, so das Gespräch zwischen Lisaweta und Tonio im 4. Kapitel, das eigentlich ein Monolog Tonios mit einigen Zwischeneinwürfen von Lisawetas Seite aus ist, oder die Wiedergabe des Briefes an Lisaweta im Schlusskapitel (s. Kap. 9). Wie sehr die episodische Form strukturbestimmend ist, mag noch einmal eine pointierte Inhaltsangabe zeigen:

Die Erzählung beginnt mit zwei Episoden (**Kapitel 1 u. 2**) aus der Jugendzeit Tonio Krögers, die einander zugeordnet sind. Ort der Handlung ist eine an der Ostsee gelegene Stadt, für die Lübeck das Modell abgegeben hat. Die erste Episode zeigt Tonio auf dem Nachhauseweg von der Schule, begleitet von seinem Freund Hans Hansen; die zweite Episode spielt zwei Jahre später. Sie zeigt Tonio während einer Tanzschulveranstaltung. Der 16 Jahre alte Tonio liebt Ingeborg Hansen, die aber

Zwei Episoden

2.3 Aufbau

Tonios Liebe nicht erwidert, während sich Tonio vor der ihn anhimmelnden Magdalena Vermehren zurückzieht.

Werdegang zum Literaten

Nach diesen beiden Jugendepisoden schildert das folgende **Kapitel 3** in Form der Zeitraffung Tonios Werdegang zum Literaten, der sich ausschließlich seiner Arbeit widmet. Er hat Lübeck als Wohnort verlassen, lebt nunmehr in München und hat sich beim Publikum erste Anerkennung verschafft.

In einem eigenen **Kapitel (4)** formuliert er in einem Gespräch mit Lisaweta Iwanowna seine Kunsttheorie. Seine Literatur basiert auf der strikten Trennung vom Leben. Tonio vertritt in dem Gespräch die Position des Ästhetizismus, nach dem die Kunst allein in der Form liegt. Zugespitzt charakterisiert er seine Haltung wie folgt: „Es ist aus mit dem Künstler, sobald er Mensch wird und zu empfinden beginnt." Zugleich formuliert Kröger auch die Problematik des Künstlers und dessen heimliche Sehnsucht nach den Wonnen der Gewöhnlichkeit, so dass die Malerin, die die russische Literaturtradition ins Feld führt, ihn sehr aufschlussreich als einen Bürger auf Irrwegen oder als einen verirrten Bürger bezeichnet. Lisaweta selbst spricht von der Möglichkeit einer „reinigenden, heiligenden Wirkung der Literatur".

Eine Reise in die nördliche Heimat ist der erste Versuch, ins

Reise in die nördliche Heimat

Leben bzw. die Wonnen der Gewöhnlichkeit zurückzukehren; zugleich ist diese Episode **(Kapitel 5 u. 6)** aber auch Spiegelung der jugendlichen Erfahrung des Außenseitertums, denn Tonio Kröger wird in seiner Vaterstadt, in der er bewusst dieselben Wege wie in seiner Jugend abschreitet und dieselben Beobachtungen wie Jahre zuvor zu machen versucht, beinahe als Hochstapler verhaftet, denn er hat keine Papiere bei sich. Er muss erkennen: Die Stadt ist ihm fremd geworden. Es ist nicht mehr seine Vaterstadt. Im väterlichen Haus ist bezeichnenderweise eine Volksbibliothek eingerichtet.

Kapitel 7 schildert die Schiffsreise nach Dänemark. In der Gestalt eines Verse schmiedenden Kaufmanns erlebt Tonio, wohin es führen kann, wenn das Leben zu unvermittelt in Kunst umschlagen will: zum Dilettantismus.

In einem dänischen Badeort angekommen (**Kapitel 8**), spiegelt dann ein Tanzfest die Szene in der Tanzschule aus der Jugend Tonios wider. Während des Tanzfestes hat Tonio eine visionäre Wiederbegegnung mit Hans Hansen und Ingeborg Holm.

In einem letzten **Kapitel (9)** verfasst Tonio einen Brief an Lisaweta. Er greift darin nochmals das Thema ihres früheren Gespräches auf. Der Brief lässt in ersten Ansätzen erkennen, dass Tonio zwar noch nicht den Zwiespalt ganz lösen kann, aber der an Nietzsche genährten psychologischkalten Literaturanalyse (Wysling) ein wärmeres, versöhnlichselbstironisches Licht aufsetzt. Hier wird die Liebe zum Menschlichen, Lebendigen und Gewöhnlichen proklamiert. Zu einer konkreten Bewährung dieser neuen Position kommt es allerdings noch nicht, die Kluft zwischen Geist und Leben bleibt vorerst noch bestehen. „Ich stehe zwischen zwei Welten, bin in keiner daheim und habe es infolgedessen ein wenig schwer." So resümiert Tonio seine errungene Position.

> Liebe zum Menschlichen, Lebendigen und Gewöhnlichen

„Tonio Kröger, den Lisaweta als verirrten Bürger eingestuft hatte, begreift sich nun als experimentierte Existenz auf dem schmalen Grat zwischen kalter, Empfindungen im Wort erledigender Artistik und Bürgerliebe zum Menschlichen, die – gefiltert durch

2.3 Aufbau

> *Selbstironie – imstande ist, aus einem Literaten einen Dichter zu machen, das heißt, das eigene Künstlertum moralisch in Kontrolle (Reinhard Baumgart) zu halten, freilich ohne dabei [...] den Schritt zu einer sozial orientierten Menschenliebe zu tun.*"[5]

Diese kurze Übersicht über den Aufbau der Erzählung macht zweierlei deutlich: Zum einen zeigt sie, wie handlungsarm die Erzählung ist; zum andern legt sie aber auch das **Aufbauprinzip der Polarität und der gegenseitigen Spiegelung** offen, das für den Text bestimmend wird. Der Text lebt in seinem Aufbau und in der Figurenkonstellation von dem **Gegensatz von Kunst und Leben bzw. von dem Gegensatz von Künstler und Bürger.**

Erstes Kapitel
↕
Letztes Kapitel

Kompositorisch wird das **erste Kapitel** im **letzten** wieder insofern aufgegriffen, als beide Kapitel mit demselben Satz enden, nur dass sich das Tempus geändert hat, indem aus dem Imperfekt das Präsens geworden ist:
„Sehnsucht war [ist] darin und schwermütiger Neid und ein klein wenig Verachtung und eine ganze keusche Seligkeit."

Dem **zweiten Kapitel** entspricht genau spiegelbildlich das **achte Kapitel,** da im achten wie im zweiten Kapitel eine Tanzveranstaltung stattfindet, auf der sich Hans Hansen und Ingeborg Holm bzw. ihr dänisches Double einfinden.

Zweites Kapitel
↕
Achtes Kapitel

In beiden Kapiteln ist Tonio der gesellschaftliche Außenseiter, was auch räumlich angezeigt wird. Einmal steht er auf der Veranda, das andere Mal vor einer Jalousie, um von dort aus die Gesellschaft der Gewöhnlichen zu beobachten. Auch eine Parallelfigur zu Magdalena Ver-

---
5 Hans Wysling, *KLL*, Bd. 21, S. 9439

mehren findet sich in dem blassen dänischen Mädchen, das Tonio seine Aufmerksamkeit widmet, von dem sich Tonio allerdings innerlich zurückzieht.

Das **dritte Kapitel** müsste nach den Gesetzmäßigkeiten des Aufbaus seine Korrespondenz im **siebten** Kapitel finden. Dem ist auch so. Man sollte allerdings das sechste Kapitel noch hinzuziehen, da in beiden Kapiteln Tonios Weg in den Norden, seine angestammte Heimat, gezeigt wird (der Besuch der norddeutschen Vaterstadt und des elterlichen Hauses im **sechsten Kapitel**; die Wiederbegegnung mit dem Meer im **siebten Kapitel**); dem entspricht spiegelbildlich der Auszug aus seiner Vaterstadt in den Süden im **dritten Kapitel.**

> Drittes Kapitel
> ↕
> Siebtes Kapitel

Zur letzten Bestätigung der mehr oder weniger achsensymmetrischen Spiegelung als dem erkannten Aufbauprinzip müsste sich die Achse selbst in den Kapiteln 4 und 5 finden lassen. Dem ist auch so, denn das Gespräch mit Lisaweta Iwanowna ist die geistige Mitte der Erzählung, in der der Gegensatz von Kunst und Leben, Künstlertum und Bürgertum thematisiert, problematisiert und diskutiert wird. Das Gespräch gipfelt in dem Satz von Lisaweta, der für Tonios Selbsterkenntnis Schlüsselfunktion hat: Lisaweta sagt Tonio, er sei ein verirrter Bürger bzw. ein Bürger auf Irrwegen. Tonio fühlt sich daraufhin „erledigt", verlässt das Atelier Lisawetas und teilt ihr im nächsten Kapitel mit, dass sein Entschluss gefasst sei, nach dem Norden zurückzukehren. Diese Wende ist durch die Formulierung Lisawetas ausgelöst.

Betrachtet man den *Tonio Kröger* als Novelle, so würde die unerhörte Begebenheit als novellenspezifisches Moment genau in der unerhörten Aussage Lisawetas, Tonio sei ein verirrter Bürger, vorliegen.

2.3 Aufbau

Hermann Kurzke meint nun, dass die Erzählung eine eigentümliche Statik infolge dieser von einer philosophischen Antithese bestimmten Anlage aufweise. Er erhärtet diese These durch die von ihm aufgedeckten Korrespondenzen bzw. Wiederholungen.

Korrespondenzen

> „*Wiederholungen von präfigurativen Ursituationen prägen, anstelle von Handlungsfortschritten, den Bau des ‚Tonio Kröger'. Das **erste Kapitel** (Liebe zu Hans Hansen) wird durch das **zweite** wiederholt (Liebe zu Ingeborg Holm). Das **zweite** (Tanzstunde) wird vom **achten** gespiegelt (Tanzbelustigung in Aalsgaard). Das **vierte** (Literaturgespräch) korrespondiert mit dem **neunten** (Brief an Lisaweta), das **fünfte** mit dem **siebten** (Motiv des Meeres), das **sechste** schließlich (Besuch in Lübeck) mit dem **ersten** (Lübecker Schulzeit).*"[6]

Sicherlich weist die Erzählung durch ihre Wiederholungen im Aufbau eine gewisse Statik auf; man wird jedoch auch wahrnehmen müssen, dass ein Handlungsfortschritt durchaus zu beobachten ist. Man kann nämlich die Novelle durchaus als einen verkürzten Bildungs- oder Künstlerroman lesen.

> „*Die Struktur der Erzählung [...] signalisiert in der Tat den Gedanken einer Überwindung. Auf den ersten Blick präsentiert sich die Geschichte als der komprimierte Bildungsroman eines Schriftstellers in der Epoche des Wilhelminismus. Das Ziel scheint die Aufhebung der zeittypischen Kunst-Leben-Antinomie zu sein und damit die Neubegründung einer Künstlerschaft im Zeichen einer Versöhnung mit dem Bürgertum.*"[7]

---

6 Kurzke, *Thomas Mann: Tonio Kröger*, S. 43
7 Vaget, S. 565, in: *Thomas-Mann-Handbuch*, hrsg. v. H. Koopmann

Der im dritten Kapitel signalisierte Dilettantismus soll überwunden werden. Daran lässt der Schluss keinen Zweifel. Er signalisiert die Abkehr von den „wüsten Abenteuern der Sinne, der Nerven und des Gedankens." Kröger will nicht länger der typisch moderne Künstler im Geiste Nietzsches sein, „zerfressen von Ironie und Geist, verödet und gelähmt von Erkenntnis, [...] zwischen Heiligkeit und Brunst hin und her geworfen, raffiniert, verarmt, erschöpft von kalten und künstlich erlesenen Exaltationen."[8]

---

8   Ebd.

2.4 Personenkonstellation und Charakteristiken

Die Personenkonstellation im *Tonio Kröger* ist einfach, denn auf der einen Seite bzw. ganz im Zentrum der Erzählung steht die Titelfigur selbst, Tonio Kröger, und um sie herum gruppieren sich die anderen Figuren, die im Wesentlichen nur Kontrastfiguren sind und als solche mehr oder weniger schablonenhaft gezeichnet sind.

Nach dem die Erzählung prägenden Antagonismus von Kunst und Leben kann man auch die Personenkonstellation so umschreiben, dass

Zwei Gruppen

sich zwei Gruppen ausmachen lassen; zum einen der Künstler oder die Künstler, zum andern diejenigen, die ein unproblematisches Verhältnis zum Leben haben. Tonio nennt die Vertreter dieser Gruppe **die Blonden oder Blauäugigen,** denen seine ganze Sehnsucht, aber auch ein klein wenig Verachtung gilt. Die Blauäugigen sind repräsentiert vor allem durch **Hans Hansen** und **Ingeborg Holm.** Sie verkörpern die Gewöhnlichen, während Tonio der Außergewöhnliche ist.

Um die Mittelpunktfigur in Gestalt des Schriftstellers Tonio sind – allerdings nur skizzenhaft – einige andere Künstler gruppiert:

Tonios Mutter, die aus dem Süden stammende, der Kunst zugeneigte, etwas liederliche Frau, so ganz das Gegenbild zu Tonios aufs Korrekte achtenden Vater, der ins Groteske und Bizarre verzeichnete Tanzlehrer **Knaak,** der Dilettant, der „Lebendige, der glaubt obendrein bei Gelegenheit einmal ein Künstler sein zu können", wie etwa der **junge Kaufmann,** dem Tonio auf dem Schiff nach Dänemark begegnet und der sentimentale Verse verfasst, oder der **Leutnant,** der Verse macht und von dem er Lisaweta erzählt, und schließlich der

2.4 Personenkonstellation und Charakteristiken

Novellist **Adalbert,** der Caféhausliterat, der sich aus dem Frühling ins Café zurückzieht, wo ein „neutrales, vom Wechsel der Jahreszeiten unberührtes Gebiet ist, das sozusagen die entrückte und erhabene Sphäre des Literarischen darstellt, in der man nur vornehmerer Einfälle fähig ist".

Zu dieser Personengruppe der Lebensuntüchtigen gehören schließlich noch **Magdalena Vermehren** und **das blasse Mädchen,** das sich beim Tanzen in Dänemark für Tonio interessiert. Ihre Lebensuntüchtigkeit zeigt sich leitmotivisch darin, dass sie vor Tonio hinfallen.

Tonio, Sohn eines angesehenen Großkaufmanns, ist ein sensibler, in sich versponnener, leicht verletzlicher Schüler, der schüchtern um die Liebe des starken, unkomplizierten, blonden Hans Hansen wirbt, der jedoch – anders als Tonio – Pferdebücher dem Schiller'schen *Don Carlos* als Lektüre vorzieht, denn er ist die Inkarnation des naiven, unangekränkelten Lebens.

> *„Das äußere Erscheinungsbild des Vierzehnjährigen, das der Dichter auf den ersten Seiten entwirft, deutet bereits auf Wesenszüge, die in dem Charakterbild Tonio Krögers immer stärker hervortreten: seine ungewöhnliche Empfindsamkeit, die sich mehr und mehr zu nervöser Reizbarkeit steigert, seine Weichheit, seine Verträumtheit, seine Neigung zur Schwermut, seine innere Unsicherheit."*[9]

Tonio hat eine künstlerische Veranlagung; er ist **Außenseiter,** zugleich aber sehnt er sich nach der Welt des Ordentlichen, Gewöhnlichen und Lebenstüchtigen. Er fühlt sich in allen Stücken als etwas Besonderes und leidet auch darunter, jedoch

---

9   Zimmermann, S. 103 f.

2.4 Personenkonstellation und Charakteristiken

nicht ohne einen frühreif-sublimen Selbstgenuss. Er fühlt sich allein und von den Ordentlichen und Gewöhnlichen ausgeschlossen, obgleich er doch kein Zigeuner im grünen Wagen sein will, sondern ein Sohn Konsul Krögers. Mit 16 Jahren verliebt sich Tonio während der Tanzstunde in die blonde, blauäugige, lustige, lebensfrohe und aufgeschlossene Ingeborg Holm, Tochter des ortsansässigen Arztes; allerdings bleibt seine Liebe nur reine Sehnsucht, und sie lässt ihn allenfalls schwermütigen Neid und selige Selbstverleugnung erfahren.

Außenseiter

Wenn das zentrale Thema der Novelle der Gegensatz von Geist und Leben bzw. von Künstler und Gesellschaft, dem Außergewöhnlichen und dem Gewöhnlichen, ist und wenn auch nicht der polare Gegensatz behauptet wird, so ist doch die leitende Frage die nach dem Verhältnis, in dem beide Seiten zueinander stehen, ob sie sich gegenseitig bedingen, brauchen, hervorrufen, ob es eine einseitige oder vielleicht sogar beidseitige Sehnsucht der einen Seite nach der jeweils anderen gibt.

Das zentrale Thema der Novelle

Auf der einen Seite sieht man – so stellt es sich zumindest aus der Perspektive Tonios dar – den einen, der – wie Hans Hansen, der Prototyp für diese Gruppe, – rechtschaffen, fröhlich, regelrecht, ordnungsgemäß und im Einverständnis mit Gott und der Welt aufwächst und so in die Gesellschaft problemlos hineinwächst, der von den Harmlosen und Glücklichen geliebt wird. Es sind die Menschen, die Frauen haben werden wie Ingeborg Holm, die dann Kinder haben werden, die wieder so problemlos und glücklich sind wie Hans Hansen. Auf der anderen Seite stehen die mit dem Kainsmal an der Stirn, die Gezeichneten, die der Fluch der Erkenntnis gepackt hat, die vom Erkenntnisekel heimgesucht werden. Die Blau-

2.4 Personenkonstellation und Charakteristiken

äugigen befällt keine Melancholie, sie kennen nicht die schöpferische Qual. Sie leben im Augenblick, ohne Selbstverachtung, sind selbstsicher und ruhen in sich. Sie kennen nicht die Einsamkeit, das Gefühl der Ausgeschlossenheit. Sie wiegen sich im süßen, trivialen Dreitakt des Lebens. Sie genießen, ohne es eigentlich zu wissen, die Wonnen der Gewöhnlichkeit, nach denen sich Tonio so sehnt.

Tonio, der **Künstler,** fühlt sich aus der „eigentlichen und ursprünglichen Liebes-, Leides- und Glückesart", dem Leben, gerissen. Das simple und innige Gefühl ist ihm verschlossen und damit

Künstler

fehlt ihm, was er auch Heimat nennt. Er ist heimatlos, ein Ausgestoßener, zumindest jemand, der sich ausgestoßen vorkommt, auch wenn er nicht direkt aus der Gesellschaft ausgestoßen worden ist. Was ihn kennzeichnet und gezeichnet hat, sind „die wüsten Abenteuer der Sinne, der Nerven und des Gedankens", die er durchlebt hat. Er sieht sich zerfressen von Ironie und Geist, „verödet und gelähmt von Erkenntnis, halb aufgerieben von den Fiebern und Frösten des Schaffens". Ihm fehlt die Geborgenheit des Gewohnten und Gewöhnlichen. Er ist innerlich haltlos, fühlt sich „unter Gewissensnöten zwischen krassen Extremen, zwischen Heiligkeit und Brunst hin- und hergeworfen, raffiniert, verarmt, erschöpft von kalten künstlich erlesenen Exaltationen, verirrt, verwüstet, zermartert, krank."

Die Blauäugigen sind u. a. auch durch Tonios Vater charakterisiert. Von ihm heißt es: „Mein Vater war ein nordisches Temperament: betrachtsam, gründlich, korrekt aus Puritanismus und zur Wehmut geneigt". Den Kontrast dazu bildet die Mutter „von unbestimmt exotischem Blut, schön, sinnlich, naiv, zugleich fahrlässig und leidenschaftlich und von einer

2.4 Personenkonstellation und Charakteristiken

impulsiven Liederlichkeit." Genau diese Mischung aus dem elterlichen Gegensatz verursacht in Tonio jenen Widerspruch, den er verkörpert. Diese „Mischung", diese außerordentlichen Möglichkeiten in ihm, wecken die Sehnsucht, zu der je anderen Seite zu gehören, verschaffen ihm als Künstler das „schlechte Gewissen", lassen ihn im „Künstlertum, in aller Außerordentlichkeit und allem Genie etwas tief Zweideutiges, tief Anrüchiges, tief Zweifelhaftes erblicken." So wird er zum **„Bürger auf Irrwegen"**, denn er wird dauernd von seiner Sehnsucht nach dem „Simplen, Treuherzigen und Angenehm-Normalen, dem Ungenialen und Anständigen" gequält. Deshalb sehnt er sich zurück nach seiner Heimat; aber er weiß sich dort ausgeschlossen.

Bürger auf Irrwegen

So sucht er nach einer Vermittlung, d. h. nach einer Kunst oder Kunstform, die es ihm erlaubt, auch Bürger zu sein. Er sieht diese Vermittlung in einem Übergang vom Literaten zum Dichter. Er sagt darum einer „dämonischen Schönheit" und jenem Künstlertum der „Stolzen und Kalten" ab, die auf den Pfaden der großen, der dämonischen Schönheit abenteuern und dabei den Menschen verachten. Tonio liebt den Menschen, und er stellt sich eine Existenz als Dichter vor, wo er diese Liebe, seine „Bürgerliebe zum Menschlichen, Lebendigen, Gewöhnlichen", ganz ausleben bzw. ausschreiben darf. Es wird eine Literatur des Humors sein, nicht mehr eine Literatur der Ironie.

2.5 Sachliche und sprachliche Erläuterungen

Kapitel 1

Tonio Kröger (S. 7): Schon der Name soll signalisieren, dass der Held der Novelle „zwischen zwei Welten" steht. Es ist eine „nord-südliche Künstlernovelle".[10] Kröger bildet den nördlichen, bürgerlichen Teil im Namen, Tonio als Antonio den südlich-künstlerischen Anteil. Thomas Mann selbst hat sich dazu wie folgt geäußert: „Sie [die Erzählung] handelt vom Süden und vom Norden und von der Mischung beider in einer Person: einer konfliktvollen und produktiven Mischung. Der Süden, das ist in dieser Geschichte der Inbegriff alles geistigsinnlichen Abenteuers, der kalten Leidenschaft des Künstlertums; der Norden dagegen der Inbegriff aller Herzlichkeit und bürgerlichen Heimat, alles tief ruhenden Gefühls, aller innigen Menschlichkeit."[11]
Novelle: Thomas Mann hat – nach Bellmann – seinen Text mehrfach als Novelle, Künstlernovelle, meine Jugendnovelle, lyrische Novelle, aber auch als Prosa-Ballade und Erzählung bezeichnet.
Der engen Stadt (7): Lübeck, die Geburtsstadt Thomas Manns.
Wotanshut (7): weicher, breiter Hut mit hängender Krempe.
Hans Hansen (7): Modell für diese Figur war Manns Mitschüler: Armin Martens (geb. 1876), Sohn eines Lübecker Kaufmanns und Mühlenbesitzers. Als Thomas Mann von Hermann Lange, einem ehemaligen Klassenkameraden, eine Liste seiner Jugendgenossen erhält, äußert sich Mann zu Armin Martens: „Denn d e n habe ich geliebt – er war tatsächlich

---
10 Thomas Mann, *GW*, Bd. 11, S. 414
11 *GW* 11, S. 410

2.5 Sachliche und sprachliche Erläuterungen

meine erste Liebe, und eine zartere, selig-schmerzlichere war mir nie mehr beschieden. [...] Mag es lächerlich klingen, aber ich bewahre das Gedenken an diese Passion der Unschuld wie einen Schatz. Nur zu begreiflich, dass er mit meiner Schwärmerei, die ich ihm einmal an einem ‚großen' Tage gestand, nichts anzufangen wusste. Das lag an mir und an ihm." (zit. nach Bellmann, S. 7). Die Forschung verweist darauf, dass in die Figur des Hans Hansen auch Züge des Münchener Malers Paul Ehrenberg Eingang gefunden haben. Mit ihm war Thomas Mann seit 1899 befreundet.

Gurt-Paletot (8): Überzieher, langer Mantel mit Gürtel.
Consuelo (10): (span.) Trost.
Pferdebücher [...] Augenblicks-Photographien (13): Gemeint sind die *Animals in Motion* von Eadweard Muybridge (1830-1904), Erfinder der Bewegungsfotografie und Wegbereiter der Kinematografie.
Gewöhnlichen (15): Thomas Mann an seinen Bruder Heinrich am 5. Dezember 1903: „In *Tonio Kröger* sind als Gegensatz des Künstlers, wie ich ihn verstehe, ‚die Gewöhnlichen' genannt."
Lindenplatze (16): zwischen Bahnhof und Holstentor gelegener Platz in Lübeck.
Das alte, untersetzte Tor (17): Holstentor in Lübeck (1477).

Kapitel 2

Gaze-Ärmel (17): Gaze ist ein lose gewebter, netzartiger Stoff.
Tanzstunde (18): Thomas Mann besuchte 1889 zusammen mit seiner Schwester und dem Geschwisterpaar Hansen einen privaten Tanzkurs.
Behufe (18): Zweck.
J'ai l'honneur [...] mon nom est Knaak (18): (franz.) Ich habe die Ehre, mich Ihnen vorzustellen. Mein Name ist Knaak.

2.5 Sachliche und sprachliche Erläuterungen

Gehrock (18): Männerrock, zweireihig mit vorn übereinander stehenden Schößen.
Talkum (19): auf Böden gestreutes Mineral, das die Böden glatt machen soll.
Eleven (19): (franz.) Schüler.
Portièren (19): (franz.) Türvorhang.
Lorgnetten (19): bügellose Brille mit Stielgriff.
Mazurka (19): aus einem Volkstanz hervorgegangener Gesellschaftstanz.
En avant! (20): Vorwärts!
Quadrille (20): Gesellschaftstanz, der von jeweils vier Paaren ausgeführt wird, die sich in einem Viereck aufstellen.
Gedicht von Storm [...] musst tanzen (21): Gemeint ist Storms Gedicht *Hyazinthen* (1852), dessen erste und letzte Strophe mit der Zeile „Ich möchte schlafen, aber du musst tanzen" endet.
Tour (21): (franz.) kreisförmige Bewegung, Tanzfiguren bei der Quadrille.
Compliment! (21): hier: Kommando zur Verbeugung.
Moulinet des dames! (21): Mühle der Damen, bei der die vier Tänzerinnen ihre rechte Hand aufeinander legen und somit eine kreisende Figur bilden.
Tour de main! (21): Tänzer und Tänzerinnen machen paarweise eine Drehbewegung umeinander, bei der sie sich eine Hand reichen.
En arrière (21): rückwärts.
Fi donc! (21): Pfui!
Folgmädchen (22): Zofe, Bedienungspersonal.
Plumcake (22): (engl.) Kuchen mit Sultaninen, Rosinen, Gewürzen und Rum.
Storms *Immensee* (22): Novelle von Storm aus dem Jahre 1850.

2.5 Sachliche und sprachliche Erläuterungen

Kapitel 3

Das Mal an seiner Stirn (26): Kainszeichen; s. 1 Mose 4, 15; Offb. 7, 3 und 14, 1–4.

Kapitel 4

Fixativ (28): aufgespritzte Harz- oder Paraffinlösung, um Kohle-, Kreide- und Pastellzeichnungen unverwischbar zu machen.
Künstlerisch sind bloß die Gereiztheiten [...] Nervensystems (31): Bellmann verweist darauf, dass Nietzsche in der *Fröhlichen Wissenschaft* die durch Leiden erzeugte „intellektuale Reizbarkeit beinahe so viel als Genie, und jedenfalls die Mutter alles Genies nennt."[12]
Batuschka (32): (russ.) Väterchen.
Präparierten päpstlichen Sänger (32): Kastraten der päpstlichen Kapelle, die, um ihre Alt-Sopran-Lage der Stimme zu erhalten, noch als Knaben kastriert wurden.
Papyros (32): hier: russische Zigaretten.
Attaché (33): beigeordneter diplomatischer Beamter, Gehilfe von Gesandtschaften.
Sublimen (34): (lat.) verfeinerten.
Morbides (35): kränkliches.
Tristan und Isolde (35): Oper von Richard Wagner.
Dilettant (35): Liebhaber einer Kunst oder einer Wissenschaft, der sich damit ohne schulmäßige Ausbildung befasst.
Antwort des Horatio [...] betrachten (35): s. die Kirchhofszene in Shakespeares *Hamlet* (V, 1).
Erkenntnisekel (36): Hierzu sei folgende Textstelle aus Nietzsches *Geburt der Tragödie* (1872) angeführt, die Thomas

---
12 Bellmann, S. 22 f.

2.5 Sachliche und sprachliche Erläuterungen

Mann möglicherweise zu entsprechenden Ausführungen im *Tonio Kröger* angeregt hat:

> „*In diesem Sinne hat der dionysische Mensch Ähnlichkeit mit Hamlet: beide haben einmal einen wahren Blick in das Wesen der Dinge getan, sie haben e r k a n n t, und es ekelt sie zu handeln; denn ihre Handlung kann nichts am ewigen Wesen der Dinge ändern, sie empfinden es als lächerlich oder schmachvoll, dass ihnen zugemutet wird, die Welt, die aus den Fugen ist, wieder einzurichten. Die Erkenntnis tötet das Handeln, zum Handeln gehört das Umschleiertsein durch die Illusion – das ist die Hamletlehre, nicht jene wohlfeile Weisheit von Hans dem Träumer, der aus zu viel Reflexion, gleichsam aus einem Überschuss an Möglichkeiten, nicht zum Handeln kommt; nicht das Reflektieren, nein! Die wahre Erkenntnis, der Einblick in die grauenhafte Wahrheit überwiegt jedes zum Handeln antreibende Motiv [...]. In der Bewusstheit der einmal geschauten Wahrheit sieht jetzt der Mensch überall das Entsetzliche oder Absurde des Seins, jetzt versteht er das Symbolische im Schicksal der Ophelia, jetzt erkennt er die Weisheit des Waldgottes Silen: Es ekelt ihn.*"[13]

Nihilist (37): Vertreter einer Weltanschauung, die Werte und Normen des Handelns und Erkenntnisgewissheiten negiert und damit jeden Sinn des Daseins leugnet.

Cesare Borgia (38): Sohn Papst Alexanders VI. (1492–98), Erzbischof von Valencia; ein wegen seiner Rücksichtslosigkeit bekannter Gewaltmensch.

---

13 Zit. nach: Bellmann, S. 27

2.5 Sachliche und sprachliche Erläuterungen

Kapitel 5

Bellezza (41): (ital.) Schönheit.
Terrasse von Kronborg (42): Schloss Kronborg bei Helsingör ist Schauplatz von Shakespeares *Hamlet*. Auf der Terrasse erscheint Hamlet der Geist seines ermordeten Vaters und verlangt von seinem Sohn Rache für seinen Tod.

Kapitel 6

Brücke [...] mythologische Statuen (43): Gemeint ist die Puppenbrücke zwischen Bahnhof und Holstentor in Lübeck, die mit mythologischen Figuren geschmückt ist.
Honneurs machte (44): Ehrbezeigungen machte, d. h. seine Gäste begrüßte.
Rosetten (45): rosenförmige Schleifchen.
Pittoresker (45): malerischer.
Arkaden (46): Mauerbogen auf Säulen oder Pfeilern in fortlaufender Reihe.
Windfangtür (47): kleiner Vor-oder Einbau bei einer Eingangstür, um den Windzug oder zu großen Wärmeverlust zu vermeiden.
Individium (52): Individuum; hier: Kerl.
Porteföhch (52): Portefeuille, Brieftasche.

Kapitel 7

Bugspriet (53): über das Schiffsvorderteil hinausragender Mast.
Menagerie (54): Tiergarten.
Steamer (55): Dampfer.
Zutunlichen (56): zutraulichen.
Möen, die Insel (57): südöstlich von Seeland gelegene Insel.

2.5 Sachliche und sprachliche Erläuterungen

Des Königs Neumarkt [...] Pferd in seiner Mitte (58): der Kopenhagener Königsmarkt mit einem Reiterstandbild Christians V.
Thorwaldsens [...] Bildwerken (58): Thorvaldsen (1768–1844): Bildhauer des Klassizismus, dessen bedeutende Werke in einem eigenen Museum in Kopenhagen ausgestellt sind. Andere Werke befinden sich in der Frauenkirche.
Tivoli (58): Vergnügungspark
Sund (59): der Öresund, Meerenge zwischen dem dänischen Seeland und dem südschwedischen Schonen.

Kapitel 8

Aalsgaard (59): kleiner Badeort am Sund.
Schlagfluss (59): Schlaganfall.
Gouverneur (59): Erzieher von Kindern in vornehmen Familien.
Please give me the wurst-things there! (59): Bitte gib mir die Wurst-Sachen dort!.
That's not wurst, that's schinken! (59 f.): Das ist nicht Wurst, das ist Schinken!
Konversierten (60): miteinander sich unterhalten.
Illumination (61): Festbeleuchtung.
Regnicht (61): regnerisch.
Réunion (62): Gesellschaftsball.
Subskription (62): Vorausbestellung.
Polonaise (64): Polnischer Reigen- und Schreittanz.
Kapotthütchen (65): Kopfbedeckung für ältere Frauen.
Post-Adjunkt (66): Postgehilfe.
Transpirierend (66): schwitzend.
Traumblöde (67): vom Traum benommen.
Zum Engagieren (69): zur Teilnahme.

2.5 Sachliche und sprachliche Erläuterungen

Distinguierte (69): vornehme.
***Die Welt als Wille und Vorstellung* (70):** Werk des Philosophen Arthur Schopenhauer (1788–1860), das 1819 erschien.
Das Jüngste Gericht (70): Fresko Michelangelos in der Sixtinischen Kapelle.
Galopp (70): schneller Tanz.
Chassierend (70): hier: sich in jagendem Tempo seitwärts beim Tanz fortbewegen.
Tak! O, mange Tak! (71): (dän.) Danke! O, vielen Dank!
Exaltationen (71): leidenschaftliche Erregungen.

Kapitel 9

Arkadien (72): Hochland auf dem Peloponnes, das durch die spätantike Schäferdichtung zu einem paradiesischen Schauplatz stilisiert wurde und seitdem als Zufluchtsort, als gelobtes Land, galt.
Puritanismus (72): Sittenstrenge.
Bohémien (72): Zigeuner, dann allgemein Bezeichnung für das Zigeunerleben der Künstler.

2.6 Stil und Sprache

Die im Kapitel zum Aufbau des *Tonio Kröger* dargelegten Beobachtungen haben ihre Auswirkungen auf Stil und Sprache dieser Erzählung. Zum einen verbindet sich die Spiegelungstechnik einzelner Episoden mit der Technik der Leitmotive, zum andern korrespondiert die erzählerische Ironie mit den verschiedenen Reifestufen des Künstlertums Tonios.

Zum Leitmotiv, das Thomas Mann im *Tonio Kröger* als Kompositionsmittel verwendet, schreibt er selbst in seinem Lebensabriss: „Vor allem war [im *Tonio Kröger*] das sprachliche Leitmotiv nicht mehr, wie noch in *Buddenbrooks*, bloß physiognomisch-naturalistisch gehandhabt, sondern hatte eine ideelle Gefühlstransparenz gewonnen, die es entmechanisierte und ins Musikalische hob."[14]

Dem Antagonismus von Kunst und Leben entsprechend, lassen sich die **Leitmotive** in zwei Reihen ordnen:

Leitmotive

Auf die Seite des **Lebens/Bürgers** gehören:
blond; blauäugig
Vater/Kröger/Konsul
Pferdebücher
Tanzen/Lachen/Musik
Empfindung
Norden/oben [auf der Landkarte]
Springbrunnen/Walnussbaum
Bürger
Naivität
Lübeck

---

14 *GW*, Bd. 11, S. 115 f.

2.6 Stil und Sprache

Auf die Seite der **Kunst**/des **Künstlers** gehören:
dunkle Augen
Mutter
Don Carlos/Hamlet/Immensee
Geist/Erkenntnis/Durchschauen
Distanz/Separation
Süden/unten [auf der Landkarte]
Zigeuner im grünen Wagen
Meer (Ostsee)
München[15]

Die oben genannten antagonistischen Positionen sind also mit einzelnen Motiven verbunden, die selbst wiederum untereinander Reihen von Motiven bilden, die zu den zwei Gruppen zusammengefasst sind. Immer wenn sich Tonio nach dem Leben bzw. der Bürgerlichkeit sehnt, assoziiert er damit die Blonden und Blauäugigen, wie sie ihm in Gestalt von Hans Hansen und Ingeborg Holm begegnen. Zu dieser Gruppe gehört auch der Konsul Kröger. Der norddeutsche Name Kröger, Bestandteil des Doppelnamens Tonio/Kröger, ist Element dieser Motivreihe. Dazu gehören auch die bürgerliche norddeutsche Stadt (Lübeck) und der Walnussbaum und der Springbrunnen im Garten des Kröger'schen Anwesens. Die Blauäugigen sind naiv, sie verspüren nichts von dem Erkenntnisekel, der Tonio befällt. Während er vom Geist geleitet ist und alles, sich selbst, die Menschen seiner Umgebung und die gesellschaftlichen Verhältnisse, durchschaut, leben die Blonden im Wesentlichen aus der ungebrochenen Empfindung heraus. Tonio muss zu ihnen Distanz wahren; sie können lachen und tanzen, sich für Pferdebücher begeistern, während

---

15 Vgl. zu dieser Aufstellung: Kurzke, *Th. Mann. Tonio Kröger*, S. 41 f. u. Beisbart, S. 108

2.6 Stil und Sprache

Tonio Hans Hansen für eine Lektüre von Schillers *Don Carlos* einnehmen will, dieser jedoch dafür keinerlei wirkliches Interesse aufbringen kann.

> *„Kontrastmotiv zum Motiv der Blonden und Blauäugigen als der assoziativen Verweisung auf Lebenswillen und Lebensaktivismus ist das Motiv der Zigeuner im grünen Wagen: als Verweisung auf Künstlertum und Ausgeschlossenheit von bürgerlicher Normalität. Kontrastmotiv zum Motiv des Vaters als der assoziativen Verweisung auf Bürgerlichkeit und Ordnung ist das Motiv der Mutter: als Verweisung auf unbürgerlich-künstlerische ‚Liederlichkeit'. Kontrastmotiv zum Motiv der Pferdebücher als der assoziativen Verweisung auf problemlose Lebensfähigkeit ist das Motiv des ‚Don Carlos': als Verweisung auf problematische Intellektualität [dies erklärt auch die Nennung des ‚Hamlet']. Kontrastmotiv zu dem Motiv des Springbrunnens und des Walnussbaums als der assoziativen Verweisung auf Heimatlichkeit ist das Motiv des Meeres: als Verweisung auf den künstlerisch-epischen Willen zu einer in der Zone des Todes sich erschließenden Totalität. Kontrastmotiv zum Motiv des Tanzens und Lachens als der assoziativen Verweisung auf dionysische Lebenshingabe ist das Motiv der Distanz und der ‚Separation': als Verweisung auf ästhetische Kontemplation als Grundverhältnis zum Leben."* [16]

So wie sich die Motivreihen gegenseitig relativieren und damit keiner Position das alleinige Recht einräumen, beherrscht auch die erzählerische Ironie den Sprachstil der Erzählung. Zur Leistung der Ironie im *Tonio Kröger* heißt es bei Hans Wysling:

---

16 Jendreiek, S. 176 f.

2.6 Stil und Sprache

„Der den Konflikt relativierende, untragische Perspektivismus ist im Grunde bereits im Lisaweta-Gespräch angelegt. Auch dort steht das Leben der Kunst nicht als Absolutum gegenüber, nicht als Nietzsches Cesare-Borgia-Wahn und trunkene ‚Vision von blutiger Größe und wilder Schönheit', sondern ‚bescheiden im Kostüm einer stormschen Bürgerlichkeit' (Reinhard Baumgart), als eine liebenswürdige ‚Banalität'. Nur von daher kann auch der oftmals sentimentale Stimmungszauber der Jugendgeschichte einen Sinn bekommen. Die von Tonio Kröger selbst in seinem ‚Erkenntnisekel' als ‚Abgrund' verstandene Ironie bringt als spielerisches Organisationsprinzip der Novelle ‚die starren Doppelheiten ins Gleiten' (Pütz). Sie ist das Bindemittel dieser ‚Mischung aus scheinbar heterogenen Elementen: aus Wehmut und Kritik, Innigkeit und Skepsis, Storm und Nietzsche, Stimmung und Intellektualismus' (‚Betrachtung eines Unpolitischen')." [17]

---

17 Wysling, *KLL*, S. 9439

2.7 Interpretationsansätze

In einer der ersten Rezensionen zu Thomas Manns *Tonio Kröger* heißt es bereits, dass „die Novelle eine Art Selbstporträt und Autobiografie des Verfassers der *Buddenbrooks* [sei, aber] ins Typische erweitert und ins Ewiggültige vertieft." Der Dichter bzw. der **moderne Schriftsteller** ist empfindlich gemacht

> *„gegen den **Zwiespalt zwischen seinem Liebesbedürfnis und dem Egoismus der künstlerischen Produktion**, gegen die Weite des Abstandes, den er, um den Überblick zu behalten, dem Leben gegenüber einnehmen muss, und der ihn von diesem Leben trennt, das er umarmen möchte, und das er nach dem Verhängnis seiner Begabung nur betrachten und schildern darf."* [18]

In einer anderen Rezension ist auf die **Einflüsse Schopenhauers und Nietzsches** hingewiesen worden:
„**Schopenhauer'scher Pessimismus** und ein **Radikalismus** vom Schlage F, dazu eine starke Dosis überfeinerter Decadence, das ist die Signatur dieses Schriftstellers. In diesem Lichte sieht er sich selbst und so wirkt er auf uns."[19] *Tonio Kröger*, dies ist nach diesen ersten Rezeptionszeugnissen einsichtig, ist im Wesentlichen als eine **Künstlernovelle** zu lesen, die den Weg eines Schriftstellers beschreibt und sich dabei der Kunsttheorien Schopenhauers oder Nietzsches in Form der Aneignung oder Auseinandersetzung bedient. Sie thematisiert als Künstlernovelle vor allem das **Verhältnis von Geist und Leben bzw. Künstler und Bürger.**

---

18 G. Keyssner, 5. August 1903, in: *Münchner Neueste Nachrichten*
19 Johannes Weiss, 1. Oktober 1903, in: *Die Christliche Welt*

2.7 Interpretationsansätze

Verhältnis von Geist und Leben bzw. Künstler und Bürger

Der Literaturwissenschaftler Helmut Koopmann sieht in der **Entwicklung,** die die Figur des Tonio in der Erzählung durchläuft, das „Einschwenken ins bürgerliche Fahrwasser." Koopmann meint, in der Novelle sehe Thomas Mann das **Bürgerliche** neu:

> „‚Tonio Kröger' ist die Geschichte des in die Bürgerlichkeit zurückkehrenden ‚Künstlers'. [...] ‚Tonio Kröger' formuliert nichts Geringeres als die Absage an die Welt des reinen Künstlers, des Artisten, die ihm plötzlich als eine außermenschliche und unmenschliche Sphäre erscheinen will, und er formuliert sehr deutlich, wie die Daseinsform des Künstlers in seinen Augen sich nun ausnimmt: ‚Die Begabung für Stil, Form und Ausdruck setzt bereits dies kühle und wählerische Verhältnis zum Menschlichen, ja, eine gewisse menschliche Verarmung und Verödung voraus.' Noch deutlicher zu Lisaweta: ‚Ich sage Ihnen, dass ich es oft sterbensmüde bin, das Menschliche darzustellen, ohne am Menschlichen teilzuhaben.' [...] Lisaweta aber hat am Ende dieser langen bekenntnishaften Tiraden über den Unwert des Künstlers und den Wert des Lebens nur die eine völlig richtige Antwort, dass Tonio Kröger ein Bürger auf Irrwegen, ein verirrter Bürger sei – und eben darum, um die Erkenntnis dieses Irrtums und seine Berichtigung, um den Weg zurück ins Bürgerliche geht es in dieser Novelle. [...] Im Abschlussbrief Tonio Krögers spiegelt sich zum anderen Male die Rückkehr in die Bürgerlichkeit und die Erkenntnis, dass ‚Leben' und ‚Bürgertum' ein und dasselbe sind. Er bekennt: ‚Denn mein bürgerliches Gewissen ist es ja, was mich in allem Künstlertum, aller Außerordentlichkeit und allem Genie etwas tief Zweideutiges, tief Anrüchiges, tief Zweifelhaftes erblicken lässt, was mich mit dieser verliebten Schwäche für das Simple, Treu-

2.7 Interpretationsansätze

herzige und Angenehm-Normale, das Ungeniale und Anständige erfüllt.' So bekommt das Bürgerliche plötzlich Konturen, festere Gestalt: aus dem bloß Atmosphärischen ist Normalität und Anständigkeit geworden. [...] Bürgerlichkeit ist fortan nicht mehr bloß die seit altersher vertraute Atmosphäre, sondern ein Wert; und schattenhaft zeichnet sich hier schon ab, was Bürgerlichkeit im folgenden Jahrzehnt bedeuten wird."[20]

Auch Werner Zimmermann sieht Tonios Entwicklung darin, dass dieser am Ende eines Reifeprozesses auf einer höheren Stufe zu seinen Anfängen zurückkehre:

„Deutete sich am Ende der Jugendzeit die Hinneigung zur vorwiegend rationalen Welterfassung an, so endet dieses Stadium der Entwicklung mit einem Übermächtigwerden der Kräfte des Gemüts. Wenn Tonio Kröger seine menschliche Existenz nunmehr nicht vollends einbüßen soll, so bleibt in der Tat nur die Rückkehr zu seinem ‚Ausgangspunkt', in jenes Reich, in dem sein Herz lebte, in die Heimat seiner Jugend also. [...] Dem ‚ewigen Gegensatz' zwischen ‚Geist' und ‚Leben' entspricht in Tonio selbst der Gegensatz zwischen rationaler und emotionaler Welterfassung, zwischen Erkennen und Lieben. Wenn ‚Geist' und ‚Leben' so ambivalent erscheinen und in solch unversöhnlichem Gegensatz einander gegenüberstehen, so ist eben dies schon Ausdruck des rationalen Welt- und Selbstverständnisses, das den Helden wie den Erzähler in eine unerträgliche und immer wiederkehrende Spannung versetzt. ‚Verödet und gelähmt' von Erkenntnis steht Tonio ‚zwischen zwei Welten', wie er noch in seinem Brief an Lisaweta bekennt. Auch die ‚zwischen Geist und Leben spielende Ironie' vermag die Span-

---
20 Helmut Koopmann. *Thomas Mann. Konstanten seines literarischen Werks*, Göttingen 1975, S. 87 ff.

2.7 Interpretationsansätze

*nung nicht aufzuheben, weil nach dem Zeugnis des Dichters ‚Ironie selbst Intellektualismus im höchsten Grade' ist. Aber der zersetzenden Kraft des ‚Geistes' wirkt die einende Kraft der Liebe entgegen. Sie befreit den Helden für Augenblicke von der ‚Qual der Einsamkeit', dem Fluch der Individuation und führt ihn immer wieder dem ‚Leben' zu, der ‚Natur', dem ‚Bürgerlichen' oder wie immer die Chiffren heißen mögen, die der Dichter zur Umschreibung des ‚nicht zu Erschöpfenden' wählt, das der ursprünglich einen und heilen Welt näher zu sein scheint als der ‚Geist', das ‚Genie', die ‚Kunst', die ‚Ironie'. Der **Liebe** gelingt es am Ende gar, die Spannung zwischen den beiden gegensätzlichen Welten aufzuheben und das Ästhetische mit dem Ethischen, das Dichterische mit dem ‚Menschlichen, Lebendigen und Gewöhnlichen' zu vereinen. Indessen kann sie sich auch jetzt noch nicht rein entfalten, es bleibt ein Rest lähmender Erkenntnis, es bleibt ‚ein klein wenig Verachtung' auch in der ‚ganzen keuschen Seligkeit'."*[21]

Ulrich Karthaus führt zur inneren Entwicklung des Künstlers Tonio Kröger aus, dass sich dieser vom Literaten zum Dichter entwickle und die ‚Gefahr', zum Ästhetizisten, Künstler der Dekadenz bzw. zum Dilettanten zu werden und auf dieser Stufe zu verharren, meidet:

„Es geht in ‚Tonio Kröger' um die innere Entwicklung eines Dichters; ursprünglich sollte die Novelle den Titel ‚Litteratur' tragen. [...] Die Kunst, zumal der Künstler, ist ihm [Tonio Kröger] selbst zunächst etwas Verdächtiges; und beinahe wird er auf der Durchreise in seiner Vaterstadt als ein gesuchter Betrüger verhaftet. Sein ‚bürgerliches Gewissen' lässt ihn ‚in

---

21 Zimmermann, S. 108 u. 123 f.

2.7 Interpretationsansätze

allem Künstlertum, aller Außerordentlichkeit und allem Genie etwas tief Zweideutiges, tief Anrüchiges, tief Zweifelhaftes' erblicken, aber sein Verlangen nach menschlicher Zuneigung und Nähe bleibt unerfüllt, weil er die ‚Wonnen der Gewöhnlichkeit', die er insgeheim ersehnt, nicht zu teilen vermag. Denn die Kunst, zumal die Literatur, verwandelt die Menschen zu ‚Dämonen, Kobolden, tiefen Unholden und erkenntnisstummen Gespenstern'. [...] Der Ausweg aus dieser Spannung ist die Empfindung der ‚Liebe', die er während seiner kalten und analysierenden literarischen Tätigkeit pflegt und die in seine Dichtung hineinströmt. ‚Ironie und Geist' werden durch den ‚Humor' korrigiert und ergänzt, so dass aus einem ‚Literaten' ein ‚Dichter' wird. [...] Die Existenz [der Literaten] gleicht der des Dilettanten, der seine Empfindungen kultiviert und zu diesem Zweck seine Sensibilität steigert. [...] Der ‚Zustand des Abbröckelns und der Zersetzung' führt bei Tonio Kröger zu der Einsicht, ‚dass er die Möglichkeiten zu tausend Daseinsformen in sich trage, zusammen mit dem heimlichen Bewusstsein, dass es im Grunde lauter Unmöglichkeiten seien'. Anders aber als der Dilettant, der nur genießt, ist Tonio Kröger – und das verdankt er wohl seinem Autor – mit ‚zäh ausharrendem und ehrsüchtigem Fleiß' begabt; dies Erbteil seiner Vorfahren, das bürgerlich-protestantische Leistungsethos, bestimmt sein Künstlertum mindestens so stark wie seine geistige Herkunft aus der Dekadenz. [...] Das Leben ist für Thomas Mann nicht ‚irgendeine trunkene Philosophie', ‚sondern das Normale, Wohlanständige und Liebenswürdige ist das Reich unserer Sehnsucht, ist das Leben in seiner verführerischen Banalität'. [...] Das erste Werk des Dichters Tonio Kröger ist ‚voll Humor und Kenntnis des Leidens'. Verwandelt die ‚Kenntnis des Leidens' die Ironie in Humor, so kann dieser als das Heilmittel gegen das ‚Leiden an der Erkenntnis' verstanden werden, das den Dekadenz-Lite-

2.7 Interpretationsansätze

raten erfüllt. Neben dem bürgerlichen Leistungsethos und der menschlichen Sehnsucht nach dem Leben ist für Tonio Krögers Künstlertum der ‚Geschmack' die bestimmende Grundlage; später hat sein Autor ihn mit dem ‚Takt' zusammen genannt. Es ist der Spürsinn für das Banale, das in der Kunst wie im Leben Unmögliche, von der Geschichte Überholte. Das sensible Empfinden dafür verschmäht die billigen Wirkungen, die eine andere Künstlerfigur der Novelle hervorbringt, der Ballettmeister Knaak. [Dessen] Dummheit ist eine unreflektierte Naivität, sie weiß nichts vom Leiden, sie erkennt nichts und denkt nicht nach. Alles, worauf es diesem Künstlertum ankommt, ist, sein Publikum zu unterhalten und ‚gänzlich zu verblüffen'. So sehr auch der Dichter ‚mimt', so wenig erschöpft sich doch in der unterhaltsamen Tätigkeit des Mimen sein Künstlertum: das bewusste Komponieren muss die natürliche Begabung und Veranlagung kontrollieren."[22]

Auch Eichner und Helmut Jendreiek sehen eine entsprechende Entwicklung in der Figur Tonios. Sie mögen mit zwei Zitaten hier noch kurz zu Wort kommen:

„Wenn Mann seinen Tonio aber am Ende der Novelle erkennen lässt, dass seine Liebe zum Leben ganz so Bedingung seiner Kunst ist wie seine kühle Objektivität, so wird hier das Schema der Antithesen zum ersten Male durchbrochen. Lebensliebe und Lebensferne, Leben und Geist – im Künstler sind sie vereinigt, die Gegensätze können und sollen geschlichtet werden: mit dem Entweder-Oder ist es nicht getan." (Hans Eichner: Thomas Mann. Eine Einführung in sein Werk, 2. veränd. Aufl. Bern 1961, S. 24 f.)

---

[22] Karthaus, S. 53–55

2.7 Interpretationsansätze

Jendreiek betont die Synthese des Schlusses und deutet sie wie folgt:

> *„Die Versöhnung zwischen Künstlertum und Bürgerlichkeit bei Thomas Mann dient der Kunst selbst, ihrer produktiven Steigerung und sozialen Humanisierung, autobiografisch der Selbstbehauptung eines Künstlers großbürgerlicher Herkunft, der bürgerlich bestehen und allen antikünstlerischen Skeptizismus des Bürgertums durch Theorie und Leistung widerlegen und versöhnen möchte."* [23]

Thomas Mann selbst hat sich mehrfach über seine Erzählung *Tonio Kröger*, die ihm wohl besonders ans Herz gewachsen war, geäußert. Auch seine Äußerungen sind wichtige Ansätze zu einer Interpretation, darum seien sie im Folgenden kurz zusammengestellt. Sie umkreisen das **Verhältnis von Ironie, Kunst und Leben** und helfen, das Verhältnis von Thomas Mann zu Nietzsche abzuklären.

Zu seinem Gebrauch des Begriffes „Ironie" sei zunächst folgende Stelle aus einem Brief an Samuel Lublinski vom 23. Mai 1904 angeführt:

> Verhältnis von Ironie, Kunst und Leben

> *„Ich weiß recht gut, dass ich mit meiner unpolitischen und radikalen Ehrlichkeit Alles gethan habe, die Leute confus zu machen. Nach dem Kunstgespräch in ‚Tonio Kröger' kann ich nicht mehr verlangen, dass Carl Busse klug aus mir wird. Was eigentlich Ironie ist, das wissen in Deutschland fünf, sechs Menschen, mehr nicht; und dass sie nicht schlechthin ‚Herzenskälte', sondern nur eine Art geistiger Zucht, Disziplin, ‚Haltung', artistischer Würde (und noch einiges Andere) zu bedeuten braucht, das fällt den Thoren niemals ein."*

---

[23] Helmut Jendreiek, *Thomas Mann. Der demokratische Roman*, Düsseldorf 1977, S. 198 f.

2.7 Interpretationsansätze

In seinen *Betrachtungen eines Unpolitischen* heißt es dann zum ironischen Stil im *Tonio Kröger*:

> *„Es sind in geistig-dichterischer Hinsicht zwei brüderliche Möglichkeiten, die das Erlebnis Nietzsches zeitigt. Die eine ist jener Ruchlosigkeit- und Renaissance-Ästhetizismus, jener hysterische Macht-, Schönheits- und Lebenskult, worin eine gewisse Dichtung sich eine Weile gefiel. Die andere heißt I r o n i e, – und ich spreche damit von meinem Fall. In meinem Falle wurde das Erlebnis der Selbstverneinung des Geistes zugunsten des Lebens zur Ironie, – einer sittlichen Haltung, für die ich überhaupt keine andere Umschreibung und Bestimmung weiß als eben diese: dass sie die Selbstverneinung, der Selbstverrat des Geistes zugunsten des Lebens ist, – wobei unter dem ‚Leben‘, ganz wie beim Renaissance-Ästhetizismus, nur in einer anderen, leiseren und verschlageneren Gefühlsnuance, die Liebenswürdigkeit, das Glück, die Kraft, die Anmut, die angenehme Normalität der Geistlosigkeit, Ungeistigkeit verstanden wird."*[24]

An einer anderen Stelle kommt Thomas Mann nochmals auf die ironische Schreibweise im *Tonio Kröger* zu sprechen. Er zitiert sich selbst, indem er eine Passage aus dem *Tonio Kröger* (‚Ich bewundere die Stolzen [...] klingende Schelle sei.') anführt und sie wie folgt kommentiert:

> *„Hier war freilich ein Verhältnis zum ‚Leben' ausgedrückt, welches sich von dem dionysischen Lebenskult jener Abenteurer auf den Pfaden ruchloser Schönheit beträchtlich unterschied. ‚Stolz und kalt' nannte ich sie; denn ich wusste – wusste es, wie ich es heute weiß, dass in meinem ‚bürgerlichen' Pessimismus,*

---

24 GW, 12, S. 25 f.

2.7 Interpretationsansätze

meiner ‚noch nicht zur Kunst gelangten' Lebensverneinung mehr Liebe zum Leben und seinen Kindern steckt als in ihrer theoretischen Lebensverherrlichung. Ironie als Liebe, – kein Nerv in ihnen wusste etwas von solchem Erlebnis."[25]

Thomas Mann selbst nimmt sich an einer weiteren Stelle seiner *Betrachtungen eines Unpolitischen* nochmals der Begriffe Geist, Kunst, Leben und Ironie unter direktem Hinweis auf den *Tonio Kröger* an und klärt dabei sowohl das Verhältnis dieser für die Erzählung zentralen Begriffe als auch sein eigenes Verhältnis zu Nietzsche. Außerdem sucht er nach Ursachen für den Erfolg, den sein *Tonio Kröger* für die damalige junge Generation darstellte:

> Geist, Kunst, Leben und Ironie

„Die Sache war die, dass, während in ‚Buddenbrooks' nur der Schopenhauer-Wagnersche Einfluss, der ethisch-pessimistische und der episch-musikalische, sich hatte geltend machen können, in ‚Tonio Kröger' das Nietzsche'sche Bildungselement zum Durchbruch kam, das fortan vorherrschend bleiben sollte. Der dithyrambisch-konservative Lebensbegriff des lyrischen Philosophen und seine Verteidigung gegen den moralisch-nihilistischen Geist, gegen die ‚Literatur', war in dem Erlebnis und Gefühl, das die Novelle gestaltete, zur erotischen Ironie geworden, zu einer verliebten Bejahung alles dessen, was nicht Geist und Kunst, was unschuldig, gesund, anständig-unproblematisch und frei vom Geist ist, und der Name des Lebens, ja der der Schönheit fand sich hier, sentimentalisch genug, auf die Welt der Bürgerlichkeit, der als selig empfundenen Gewöhnlichkeit, des Gegensatzes von Geist und Kunst übertragen. Kein

---

25 GW, 12, S. 54

2.7 Interpretationsansätze

Wunder, dass dergleichen der Jugend gefiel. Denn wenn das ‚Leben' gut dabei wegkam, ‚der Geist' kam noch besser weg, denn er war der Liebende, und ‚der Gott' ist im Liebenden, nicht im Geliebten, was auch ‚der Geist' hier ganz genau wusste. Was er noch nicht wusste oder vorläufig beiseite ließ, war die Tatsache, dass nicht nur der Geist nach dem Leben, sondern auch das Leben nach dem Geiste verlangt, und dass sein Erlösungsbedürfnis, seine Sehnsucht, sein Schönheitsgefühl – denn Schönheit ist nichts als Sehnsucht – vielleicht ernster, vielleicht ‚göttlicher', vielleicht weniger hoch- und übermütig ist als das des ‚Geistes'. Ironie aber ist immer Ironie nach beiden Seiten hin, etwas Mittleres, ein Weder-Noch und Sowohl-Als-Auch, – wie denn ja auch Tonio Kröger sich als etwas Ironisch-Mittleres zwischen Bürgerlichkeit und Künstlertum empfand und wie schon sein Name das Symbol für jederlei Mischungsproblematik abgeben musste, für die romanisch-deutsche Blutmischung nicht nur, sondern auch für die Mittelstellung zwischen Gesundheit und Raffinement, Anständigkeit und Abenteurertum, Gemüt und Artistik: ein Situationspathos, das wiederum offenkundig von demjenigen Nietzsches beeinflusst war, der den Erkenntniswert seiner Philosophie geradezu daraus ableitete, dass er in beiden Welten zu Hause ist, in der Dekadenz und der Gesundheit, – er stehe, hatte er gesagt, zwischen Niedergang und Aufgang. Das ganze Produkt war eine Mischung aus scheinbar heterogenen Elementen: aus Wehmut und Kritik, Innigkeit und Skepsis, Storm und Nietzsche, Stimmung und Intellektualismus. Kein Wunder, wie gesagt, dass die Jugend hier zugriff. [...] Jugend trachtet nach dem Geistigen viel mehr als nach dem Plastischen, und was sie in diesem Falle erregte, war ohne Zweifel die Art, wie in der kleinen Geschichte der Begriff ‚Geist' gehandhabt wurde, wie er

2.7 Interpretationsansätze

zusammen mit dem der ‚Kunst' unter dem Namen der ‚Literatur', dem unbewussten und stummen Leben entgegengesetzt wurde. Was sie fesselte, war ohne Zweifel das radikal-literarische, das intellektualistisch-zersetzende Element in dem kleinen Werk – und wenn das andere, das deutsche, gemüthaftkonservative, diesem Gefallen keinen Abbruch tat, sondern es sogar noch verstärkte, so war es, weil es als Ironie erschien und weil Ironie selbst Intellektualismus im höchsten Grade ist."[26]

---

26 GW, 12, S. 91–93

3. *Mario und der Zauberer* – Textanalyse und -interpretation

3.1 Entstehung und Quellen

Das Ehepaar Mann plante, zusammen mit den beiden Kindern Elisabeth und Michael einen Urlaub im September des Jahres 1925 in Forte dei Marmi zu verbringen, verbrachte aber schließlich auf der Insel Ischia in Casamicciola die Urlaubswochen. Ein Jahr später quartierte sich das Paar mit den beiden jüngsten Kindern vom 31. 8. bis 13. 9. in der Pension Regina in Forte dei Marmi ein.

Aus diesem Urlaub schreibt Mann an Hugo von Hofmannsthal am 7. 9. 1926:

> *„Unser Aufenthalt hier geht zu Ende, am 11. reisen wir. Wir haben Licht und Wärme in Überfülle gehabt, und die Kinder waren glückselig am Strande und im warmen Meer. An kleinen Widerwärtigkeiten hat es anfangs auch nicht gefehlt, die mit dem derzeitigen unerfreulichen überspannten und fremdenfeindlichen nationalen Gemütszustand zusammenhingen, und uns belehrten, dass man jetzt nicht gut tut, einen Badeort dieses Landes in der rein italienischen Hochsaison aufzusuchen. Erst seitdem bei vorschreitender Jahreszeit das slawisch-deutsche Element sich ausbreitet, fühlt man sich behaglich. Natürlich hat das eigentliche Volk seine Liebenswürdigkeit bewahrt und steht geistig nicht unter dem blähenden Einfluss des Duce. Im Ganzen aber kann ich nicht sagen, dass dieser Besuch meine Achtung vor den Italienern gehoben hätte, trotz schöner physischer und intellektueller Gaben. Das eigentlich europäische Niveau halten eben doch Franzosen und Deutsche."*[27]

---

27 Zit. nach: Pörnbacher, S. 24 f.

3.1 Entstehung und Quellen

In einem Brief an Otto Hoerth vom 12. 6. 1930 schreibt Thomas Mann über seine Begegnung mit einem Zauberer in Forte dei Marmi:

„Da es Sie interessiert: Der ‚Zauberkünstler' war da und benahm sich genau, wie ich es geschildert habe. Erfunden ist nur der letale Ausgang: In Wirklichkeit lief Mario nach dem Kuss in komischer Beschämung weg und war am nächsten Tage, als er uns wieder den Thee servierte, höchst vergnügt und voll sachlicher Anerkennung für die Arbeit ‚Cipollas'. Es ging eben im Leben weniger leidenschaftlich zu, als nachher bei mir. Mario liebte nicht wirklich, und der streitbare Junge im Parterre war nicht sein glücklicherer Nebenbuhler. Die Schüsse aber sind nicht einmal meine Erfindung. Als ich von dem Abend hier erzählte, sagte meine ältere Tochter [Erika Mann]: ‚Ich hätte mich nicht gewundert, wenn er ihn niedergeschossen hätte.' Erst von diesem Augenblick war das Erlebte eine Novelle, und um sie auszuführen, brauchte ich das Atmosphäre gebende anekdotische Detail vorher, – ich hätte sonst keinen Antrieb gehabt, davon zu erzählen, und wenn Sie sagen: ohne den Hotelier hätte ich Cipolla am Leben gelassen, so ist die Wahrheit eigentlich das Umgekehrte: um Cipolla töten zu können, brauchte ich den Hotelier – und das übrige vorbereitende Ärgernis. Weder Fuggiero noch der zornige Herr am Strande, noch die Fürstin hätten sonst das Licht der Literatur erblickt."[28]

Eine erste Niederschrift der Novelle erfolgt während eines Urlaubs in Rauschen, Samland (29. 7. bis 23. 8. 1929). In einem Brief an Claire Goll vom 21. 9. 1931 schreibt Mann über die Umstände seines Schreibens:

---

28 Zit. nach: Pörnbacher, S. 26

3.1 Zur Entstehung von *Mario und der Zauberer*

> *„Ich denke auch nicht ungern an die kleine Geschichte zurück, die ich am Strande schrieb. Es war mir merkwürdig, zu sehen, wie aus dem Persönlichen und Privaten etwas Symbolisches und Ethisches erwuchs."* [29]

In *On Myself* findet sich über die Entstehung des Textes folgende Äußerung Thomas Manns:

> *„Da ich mich aber nicht einsperren lassen wollte, beschloss ich, den ‚Joseph' für die Feriendauer ad acta zu legen und eine kleine Arbeit zu beginnen, die sich im Strandkorb schreiben, sozusagen aus der Luft greifen ließe. Und so entstand die Erzählung ‚Mario und der Zauberer', die den Untertitel ‚Ein tragisches Reiseerlebnis' trägt; die Geschichte von dem Hypnotiseur, den sein Opfer zuletzt erschießt. Die politisch-moralische Anspielung, in Worten nirgends ausgesprochen, wurde damals in Deutschland, lange vor 1933, recht wohl verstanden: mit Sympathie oder Ärger verstanden, die Warnung vor der Vergewaltigung durch das diktatorische Wesen, die in der menschlichen Befreiungskatastrophe des Schlusses überwunden und zunichte wird."* [30]

Die Erzählung erschien unter dem Titel *Tragisches Reiseerlebnis. Novelle* in Verhagen & Klasings Monatshefte, Bielefeld und Leipzig, Jg. 44, Heft 8, April 1930, S. 113–136 und später in Buchform unter dem Titel *Mario und der Zauberer. Ein tragisches Reiseerlebnis* in Berlin bei S. Fischer 1930.

---

29 Zit. nach: Pörnbacher, S. 29
30 Zit. nach: Pörnbacher, S. 29 f.

3.2 Inhaltsangabe

Der erste Abschnitt der Erzählung ist eine andeutende, aber zugleich auch schon wertende Zusammenfassung der dann später mit dem zweiten Abschnitt anhebenden Erzählung des tragischen Reiseerlebnisses:

„Die Erinnerung an Torre di Venere ist atmosphärisch unangenehm. Ärger, Gereiztheit, Überspannung lagen von Anfang an in der Luft, und zum Schluss kam dann noch der Choc mit diesem schrecklichen Cipolla, in dessen Person sich das eigentümlich Bösartige der Stimmung auf verhängnishafte und übrigens menschlich sehr eindrucksvolle Weise zu verkörpern und bedrohlich zusammenzudrängen schien. Dass bei dem Ende mit Schrecken (einem, wie uns nachträglich schien, vorgezeichneten und im Wesen der Dinge liegenden Ende) auch noch die Kinder anwesend sein mussten, war eine traurige und auf Missverständnis beruhende Ungehörigkeit für sich, verschuldet durch die falschen Vorspiegelungen des merkwürdigen Mannes. Gottlob haben sie nicht verstanden, wo das Spektakel aufhörte und die Katastrophe begann, und man hat sie in dem glücklichen Wahn gelassen, dass alles Theater gewesen sei."

In den ersten Abschnitten wird nun genauer umrissen, worin denn der Ärger, die Gereiztheiten und schließlich die Überspannung liegen, die von Anfang an den Ferienaufenthalt der Familie des Ich-Erzählers begleiten. Torre di Venere ist ein italienischer Ferienort, fünfzehn Kilometer von Portocle-mente entfernt, einer der beliebtesten italienischen Badeorte am Tyrrhenischen Meer. Der Ort ist städtisch-elegant und monatelang

> Torre di Venere

3.2 Inhaltsangabe

überfüllt. So auch in diesem Jahr, zumal die Familie des Erzählers – wie sie empfindet – etwas „zu früh" aus Deutschland hier angereist ist, denn die „italienische Saison stand noch in vollem Flor; das ist für Fremde der rechte Augenblick nicht."
So muss man in dem Grand Hotel, in dem man Quartier genommen hat, die Erfahrung machen, dass es sich „so sehr in den Händen der florentinischen und römischen Gesellschaft [befindet], dass sich der Fremde, [also hier der Deutsche] isoliert und augenblicksweise wie ein Gast zweiten Ranges vorkommen mag." So muss man sich an einen Tisch im Speisesaal des Hotels verwiesen sehen, der so gar nicht den eigenen Vorstellungen und Wünschen der Platzierung entspricht Zu den Hotelgästen gehört auch der „römische Hochadel". Eine Fürstin fürchtet sich vor Ansteckung mit Keuchhusten, den die Kinder des Erzählers hatten, und sie veranlasst, dass die Direktion des Hauses eine Umquartierung der Familie des Erzählers in einen Nebenbau des Grand Hotels anordnet. Die Servilität und Wortbrüchigkeit des Gastwirtes verärgert den Erzähler so sehr, dass er und seine Familie das Hotel verlassen und in eine von ihnen selbst gewählte Pension, Pensione Eleonora, einziehen.
Aber es ist nicht so sehr die unerträgliche Hitze, die „Schreckensherrschaft der Sonne", die Überfüllung des Badeortes oder das Unwohlsein am Strand, was die Gereiztheit der Atmosphäre verursacht, es ist eher, dass „Politisches umging, die Idee der Nation im Spiele war":

> Idee der Nation
>
> „Das Publikum ‚hielt auf sich' – man wusste zunächst nicht recht, in welchem Sinn und Geist, es prästabilierte Würde, stellte voreinander und vor dem Fremden Ernst und Haltung, wach aufgerichtete Ehrliebe zur Schau. [...] Tatsächlich wimmelte es am Strande von

3.2 Inhaltsangabe

patriotischen Kindern, – eine unnatürliche und niederschlagende Erscheinung."

Die Kinder des Erzählers werden von den italienischen Kindern zurückgewiesen, die Erwachsenen, statt den Streit und die Auseinandersetzungen zu schlichten, mischen sich „weniger schlichtend als entscheidend und Grundsätze wahrend ein, Redensarten von Größe und Würde Italiens fielen, unheiterspielverderbende Redensarten." Der erste Eskalationspunkt ist, dass sich die italienischen Badegäste über die Nacktheit des Töchterchens des Erzählers am Strand entsetzt zeigen. Sie halten die Nacktheit des Kindes, das keinen Badeanzug trägt, für die Erregung öffentlichen Ärgernisses, die Verletzung der öffentlichen Moral.

> Der erste Eskalationspunkt

„Ein Herr in städtischem Schniepel, den wenig strandgerechten Melonenhut im Nacken, versichert seinen entrüsteten Damen, er sei zu korrigierenden Schritten entschlossen; er tritt vor [die Familie des Erzählers] hin, und eine Philippika geht auf uns nieder, in der alles Pathos des sinnenfreudigen Südens sich in den Dienst spröder Zucht und Sitte gestellt findet. Die Schamwidrigkeit, die wir uns hätten zuschulden kommen lassen, hieß es, sei umso verurteilenswerter, als sie einem dankvergessenen und beleidigenden Missbrauch der Gastfreundschaft Italiens gleichkomme. Nicht allein Buchstabe und Geist der öffentlichen Badevorschriften, sondern zugleich auch die Ehre seines Landes seien freventlich verletzt, und in Wahrung dieser Ehre werde er, der Herr im Schniepel, Sorge tragen, dass unser Verstoß gegen die nationale Würde nicht ungeahndet bleibe."

3.2 Inhaltsangabe

Die Beteuerungen des Erzählers, ihm habe jede Provokation und Respektlosigkeit fern gelegen, reicht als Entschuldigung nicht aus. Die Behörde wird telefonisch informiert, deren Vertreter erscheint am Strand, man muss ihm ins Municipio folgen, wo ein höherer Beamter das vorläufige Urteil bestätigt und ein Sühne- und Lösegeld von fünfzig Lire auferlegt wird.

Trotz all dieser Widrigkeiten, die ihm und seiner Familie widerfahren, bricht der Erzähler seinen Urlaub nicht ab und reist auch nicht ab. Im Nachhinein wünscht er sich: „Hätten wir es nur getan! „Wir hätten dann diesen fatalen Cipolla vermieden". Der Erzähler selbst erklärt sich, warum er keinen Ortswechsel vornahm, zum einen mit einer gewissen Trägheit, zum andern führt er an: „Wir blieben auch deshalb, weil der Aufenthalt uns merkwürdig geworden war, und weil Merkwürdigkeit ja in sich selbst einen Wert bedeutet, unabhängig von Behagen und Unbehagen."

Inzwischen ist auch die Ferienzeit so weit fortgeschritten, dass die Nachsaison begonnen und sich der Ort wie der Strand „entnationalisiert" haben. Das Leben wird wieder „europäischer". In diesem Augenblick kündigt sich Cipolla an. Plakate zeigen eine Veranstaltung des Zauberkünstlers an, und es sind vor allem die Kinder des Erzählers, die diesen bedrängen, man möge eine Veranstaltung besuchen. Bedenken, die Veranstaltung mit den Kindern zu so später Stunde zu besuchen, werden weggewischt, und ein „gewisses Zerstreuungsbedürfnis" auf Seiten der Erwachsenen gibt schließlich den Ausschlag dafür, dass zu der Abendveranstaltung vier Eintrittskarten erworben werden.

Die Veranstaltung findet in einem Saalbau statt, der während der Hochsaison als Kinoraum gedient hat. Das Publikum ist gemischt, die Kinder finden unter den Anwesenden einige Freunde, u. a. Mario, der ihnen im Esquisito die Schokolade

Cipolla

3.2 Inhaltsangabe

serviert hat: „Auch er will den Zauberer sehen, und er muss früh gekommen sein, er steht fast vorn, aber er bemerkt [die Familie des Erzählers] nicht." Der Auftritt des Zauberers lässt auf sich warten. Das Publikum wird unruhig. Cipolla hat die Verzögerung des Beginns offensichtlich mit eingeplant. Als das Publikum seinen Unmut artikuliert, tritt er mit einem „Geschwindschritt [auf], in dem Erbötigkeit gegen das Publikum sich ausdrückt und der die Täuschung erweckt, als habe der Ankommende in diesem Tempo schon eine weite Strecke zurückgelegt".
Cipolla ist

> „ein Mann schwer bestimmbaren Alters, aber keineswegs mehr jung, mit scharfem, zerrüttetem Gesicht, stechenden Augen, faltig verschlossenem Munde, kleinem, schwarz gewichstem Schnurrbärtchen und einer so genannten Fliege in der Vertiefung zwischen Unterlippe und Kinn."

Er erinnert an einen Scharlatan, einen Possenreißer.
Der Erzähler bemerkt, dass etwas mit der Kleidung und der Figur nicht in Ordnung ist. Später stellt sich heraus, dass Cipolla verwachsen ist und einen Buckel hat. Ihm fehlt jede Spur von Scherzhaftigkeit oder Clownerie; „vielmehr sprachen strenge Ernsthaftigkeit, Ablehnung alles Humoristischen, ein gelegentlich übellauniger Stolz, auch jene gewisse Würde und Selbstgefälligkeit des Krüppels daraus". Zu seinen Requisiten gehören eine reichlich genutzte Flasche Kognak, Zigaretten, die er unaufhörlich raucht, und eine Reitpeitsche „mit klauenartiger silberner Krücke", die ihm über dem linken Unterarm an einer Lederschlinge hängt. Außerdem trägt Cipolla eine durch seine Weste teilweise verdeckte Schärpe, die die hinter der Familie des Erzählers „sitzenden Zuschauer in halblautem Austausch für das Abzeichen des Cavaliere" halten.

3.2 Inhaltsangabe

Schon bald stellt sich heraus, dass Cipolla nicht der Zauberer oder Taschenspieler ist, sondern ein Hypnotiseur, was den Erzähler bedauern lässt, die Kinder zu einer solchen Veranstaltung mitgenommen zu haben.

Cipolla, der Hypnotiseur

Sein erstes Kunststück demonstriert Cipolla an einem jungen Mann, den er gegen seinen Willen dazu zwingt, die Zunge herauszustrecken, „und zwar die ganze Zunge bis zur Wurzel". Dann stellt sich der Hypnotiseur seinem Publikum vor. Er verweist darauf, dass er einen schweren Beruf ausführe, nicht gerade die „robusteste Gesundheit" habe und wegen eines kleinen „Leibesschadens" nicht am „Kriege für die Größe des Vaterlandes" habe teilnehmen können. „Allein mit den Kräften meines Geistes meistere ich das Leben, was ja immer nur heißt: sich selbst bemeistern". Er schmeichelt sich damit, mit seiner Arbeit die „achtungsvolle Teilnahme der gebildeten Öffentlichkeit" erregt zu haben. Einmal habe sogar der Bruder des Duce eine seiner Veranstaltungen besucht. So fährt Cipolla fort, seine Ausführungen immer wieder mit patriotisch-faschistischen Phrasen zu verbrämen. Er nutzt Menschen aus dem Publikum, um über sie zu spotten. Den Zuschauern fällt schnell seine sprachliche Gewandtheit auf.

Arithmetische Zaubereien stehen am Anfang der Vorstellung. Als Cipolla mit einer dreisten Aussage die Bevölkerung von Torre di Venere beleidigt und sich derjenige der jungen Männer, den er bereits ganz zu Beginn der Veranstaltung gezwungen hatte, seine Zunge zu zeigen, sich eine solche Beleidigung verbietet, bestraft Cipolla ihn damit, dass er ihn sich so krümmen lässt, als habe er eine Leibeskolik.

Cipolla steigert seine Kunststücke, indem er sich aus dem Publikum Zahlen sagen lässt, diese summiert und mit einer von ihm bereits vorher notierten Summe vergleicht. Ebenso verfährt er mit Karten, die er aus einem Kartenspiel vom Publikum ziehen lässt und die dann denjenigen Karten entsprechen, die er zuvor aus einem anderen Kartenspiel selbst gezogen hat. Immer dann, wenn das Publikum sich nicht ganz seinen Anweisungen fügen will oder er Widersetzlichkeiten einzelner Personen ihm gegenüber zu verspüren glaubt, oder wenn durch eine leise „Revolte im Unterirdischen" beim Publikum sich Widerstand zu regen scheint, vermag er diesen sofort im Keime zu ersticken, und sei es durch das Pfeifen seiner Reitpeitsche.

Ein junger Herr „mit stolz geschnittenem Gesicht, Italiener", will sich ausdrücklich dem aufgezwungenen Willen Cipollas widersetzen. Cipolla belehrt ihn:

> Widerstand gegen Cipolla

„Sie werden mir damit meine Aufgabe etwas erschweren. An dem Ergebnis wird ihr Widerstand nichts ändern. Die Freiheit existiert, und auch der Wille existiert; aber die Willensfreiheit existiert nicht, denn ein Wille, der sich auf seine Freiheit richtet, stößt ins Leere."

Trotz des angekündigten Widerstands glückt Cipolla auch in diesem Falle der Kartentrick, von dem der Erzähler nicht weiß, ob Cipolla die ihm „angeborenen Gaben auch noch durch mechanische Tricks und Behändigkeitsmittelchen" unterstütze. Es schließt sich in der Veranstaltung des Hypnotiseurs nun eine „Art von Gesellschaftsspielen an, die auf über- oder untervernünftigen Fähigkeiten der menschlichen Natur, auf Intuition und ‚magnetischer' Übertragung, kurzum auf einer niedrigen Form der Offenbarung" beruhen. Cipolla setzt sich mit dem Rücken zum Publikum und vermag, die im Publikum getroffenen Vereinbarungen zu erraten oder ver-

3.2 Inhaltsangabe

steckte Gegenstände zu finden. Der Erzähler hat den Eindruck, dass bei diesen Übungen die Rollen zwischen Publikum und Zauberer vertauscht waren. Er gibt folgenden Kommentar zu diesem Teil der Vorstellung:

„Die Rollen schienen vertauscht, der Strom ging in umgekehrter Richtung, und der Künstler wies in immer fließender Rede ausdrücklich darauf hin. Der leidende, empfangende, der ausführende Teil, dessen Wille ausgeschaltet war, und der einen stummen in der Luft liegenden Gemeinschaftswillen vollführte, war nun er, der so lange gewollt und befohlen hatte; aber er betonte, dass es auf eins hinauslaufe. Die Fähigkeit, sagte er, sich seiner selbst zu entäußern, zum Werkzeug zu werden, im unbedingtesten und vollkommensten Sinne zu gehorchen, sei nur die Kehrseite jener anderen, zu wollen und zu befehlen; es sei ein und dieselbe Fähigkeit; Befehlen und Gehorchen, sie bildeten zusammen nur ein Prinzip, eine unauflösliche Einheit; wer zu gehorchen wisse, der wisse auch zu befehlen, und ebenso umgekehrt; der eine Gedanke sei in dem anderen einbegriffen, wie Volk und Führer ineinander einbegriffen seien, aber die Leistung, die äußerst strenge und aufreibende Leistung, sei jedenfalls seine, des Führers und Veranstalters, in welchem der Wille Gehorsam, der Gehorsam Wille werde, dessen Person die Geburtsstätte beider sei, und der es also sehr schwer habe."

Bei seinem nächsten Kunststück vermag Cipolla Signora Angiolieri, der Pensionsleiterin, bei der die Familie des Erzählers Quartier bezogen hat, auf den Kopf zuzusagen, dass sie früher im Umkreis der Duse als deren Garderobiere und Freundin gelebt habe.

Die Vorstellung wird nun durch eine Pause unterbrochen, und der Erzähler will erneut mit den Kindern die Veranstaltung verlassen, aber er fühlt sich merkwürdig von dem Geschehen angezogen und will den Fortgang weiterverfolgen, zumal sich ihm der Saal als der Sammelpunkt aller erlebten Merkwürdigkeiten seines Urlaubsaufenthaltes darstellt:

> *„Es ging hier geradeso merkwürdig und spannend, geradeso unbehaglich, kränkend und bedrückend zu wie in Torre überhaupt, ja, mehr als geradeso: dieser Saal bildete den Sammelpunkt aller Merkwürdigkeit, Nichtgeheuerlichkeit und Gespanntheit, womit uns die Atmosphäre des Aufenthalts geladen schien; dieser Mann, dessen Rückkehr wir erwarteten, dünkte uns die Personifikation von alldem; und da wir im Großen nicht ‚abgereist' waren, wäre es unlogisch gewesen, es sozusagen im Kleinen zu tun."*

Nach der Pause setzt Cipolla seine „Demonstrationen der Willensentziehung und -aufnötigung fort. So setzt er sich selbst auf einen jungen Menschen, den er durch Striche und Anhauch vollkommen kataleptisch gemacht hat. Er legt den in Tiefschlaf Gebannten mit Nacken und Füßen auf zwei Stuhllehnen und setzt sich triumphierend auf den Körper des Liegenden, ohne dass der brettstarre Körper nachgibt. Eine ältere Dame versetzt er in die Illusion, eine Reise nach Indien zu machen, einem Herrn militärischen Aussehens zwingt er seinen Willen auf, dass dieser seinen Arm nicht mehr heben kann; Frau Angiolieri lässt er nachtwandlerisch durch den Saal schreiten, ohne dass die Rufe ihres Mannes sie zum Bleiben veranlassen könnten. Er bringt junge Männer dazu, sich, willenlos gemacht, einer Tanzorgie hinzugeben. Auch der Herr aus Rom, der sich zunächst weigert, hier mit-

> Demonstrationen der Willensentziehung und -aufnötigung

3.2 Inhaltsangabe

zutanzen, fügt sich schließlich auf Cipollas Geheiß in die Gruppe der Tanzenden. Der Erzähler kommentiert den Sieg Cipollas mit den Worten:

> *„Verstand ich den Vorgang recht, so unterlag dieser Herr der Negativität seiner Kampfposition. Wahrscheinlich kann man vom Nichtwollen seelisch nicht leben; eine Sache nicht tun wollen, das ist auf die Dauer kein Lebensinhalt."*

Schließlich holt Cipolla auch den Kellner Mario auf die Bühne, entlockt diesem, dass er sich in ein Mädchen namens Silvestra unglücklich verliebt habe, und bringt den dann hypnotisierten Marion dazu, ihn auf die Wange zu küssen, in der Annahme, Cipolla sei Silvestra. Ein „grotesker, ungeheuerlicher und spannender Augenblick" für den Erzähler. Wieder aus der Hypnose getreten, entsetzt sich Mario über sich selbst. Er leidet unsäglich unter der „Preisgabe des Innigsten, der öffentlichen Ausstellung verzagter und wahnhaft beseligter Leidenschaft."

Mario erschießt Cipolla

Marion stürzt, während das Publikum Cipolla frenetisch applaudiert, in den Saal hinunter, wirft sich in Richtung Bühne herum, schleudert den Arm empor, „und zwei flach schmetternde Detonationen durchschlagen Beifall und Gelächter". Mario hat Cipolla erschossen. Tumult bricht im Saal aus. Der Erzähler nimmt seine Kinder und verlässt mit ihnen, an dem „einschreitenden Karabinierepaar" vorbeiziehend den Saal. Die Kinder fragen, ob dies das Ende gewesen sei. Die Eltern antworten: „Ja, das war das Ende." Der Erzähler fährt fort: „Ein Ende mit Schrecken, ein höchst fatales Ende. Und ein befreiendes Ende dennoch, – ich konnte und kann nicht umhin, es so zu empfinden."

3.3 Aufbau

Eine äußerst verknappte Inhaltsangabe macht deutlich, dass die Erzählung aus zwei Teilen zusammengesetzt ist. Der erste Teil – etwa ein Drittel der Erzählung umfassend – beschreibt die erste Zeit des Ferienaufenthaltes in dem italienischen Badeort Torre di Venere am Tyrrhenischen Meer, der zweite Teil – die weiteren zwei Drittel einnehmend – schildert in aller Ausführlichkeit die Vorstellung des „Zauberers" Cipolla, vom ersten Auftreten Cipollas im Saal bis hin zu seiner Ermordung durch Mario. Das Ende der Veranstaltung und das so lange hinausgezögerte Verlassen des Saales seitens des Ich-Erzählers und seiner Familie bilden zugleich das Ende der Erzählung, der Thomas Mann als Untertitel *Ein tragisches Reiseerlebnis* beigegeben hat. Viele Erlebnisse während des Urlaubs werden aneinander gereiht, aber sie alle kulminieren in dem „tragischen Erlebnis", dem der Erzähler samt Familie beiwohnt. D. h. für den Aufbau der Erzählung, dass der kürzere erste Teil sich zu dem ausführlicher erzählten, breiteren zweiten Erzählteil verengt. **Das Verhältnis von Erzählzeit und erzählter Zeit** kehrt sich um, sobald der Erzähler sich der einen Abendveranstaltung mit dem Hypnotiseur Cipolla erinnert.

Der erste Teil ist darauf ausgerichtet, die „Merkwürdigkeiten, Nichtgeheuerlichkeiten und Gespanntheiten", die der deutschen Familie in dem national gesinnten, faschistischen Italien während des Badeurlaubs widerfahren, in der Figur des Cipolla zu personifizieren und in seiner Veranstaltung auf das Äußerste nochmals zu komprimieren. „Dieser Mann dünkte uns die Personifikation von alldem". In Cipolla verdichtet sich, „womit die Atmosphäre des Aufenthaltes geladen schien".

3.3 Aufbau

Der Badeurlaub wird von Anfang an durch eine schlechte Unterkunft, später vom latent fremdenfeindlichen Betragen der italienischen Umgebung empfindlich gestört. Eine Cipollas Auftreten vorbereitende atmosphärische Einleitung liefert Beispiele für „die Zusammenstöße mit dem landläufig Menschlichen, dem naiven Missbrauch der Macht, der Ungerechtigkeit, der kriecherischen Korruption", die zur Ausquartierung der deutschen Familie aus dem zunächst bewohnten Grand Hotel in die „Pensione Eleonora" führt. Über allem lastet eine „Schreckensherrschaft der Sonne" und die unduldsame, auf die „Würde" und die „Idee der Nation" pochende „Mediocrität" des Strandpublikums, das auf die unschuldige Nacktheit der kleinen Tochter des Erzählers wie auf eine Verletzung der Ehre seines Landes reagiert. Angesichts dieser Ereignisse fragt sich der Erzähler leitmotivisch: „Soll man abreisen, wenn das Leben sich ein bisschen unheimlich, nicht ganz geheuer oder etwas peinlich und kränkend anlässt? Nein doch, man soll bleiben, soll sich das ansehen und sich dem aussetzen, gerade dabei gibt es vielleicht etwas zu lernen."

Die Handlung spitzt sich mit dem Auftreten Cipollas zu, in „dessen Person sich das eigentümlich Bösartige der Stimmung auf verhängnishafte und übrigens menschlich sehr eindrucksvolle Weise zu verkörpern und bedrohlich zusammenzudrängen schien".

> Cipolla ist Führer- und Verführer-Persönlichkeit

Cipolla ist ein hässlicher, kränklicher Mann, eine geckenhaft übersteigerte Führer- und Verführer-Persönlichkeit, der es mit einer ungeheuren Willensanstrengung gelingt, stark zu sein, und der durch hypnotische Fähigkeiten italienische wie ausländische Gäste – darunter auch den Erzähler – wenigstens für Augenblicke ganz in seinen Bann zu ziehen vermag. Seine Demonstration der Willensentziehung und -aufnötigung zielt auf den Abbau der personalen

3.3 Aufbau

Würde eben jener auf ihre nationale Würde so bedachten Personen, die sich seinen Versuchen zur Verfügung stellen. Er vermag das Publikum zu formen, indem er ihm den Willen raubt und es zur Masse macht.

Die Vorstellung des Cipolla kulminiert darin, dass er den unglücklich verliebten Kellner Mario unter hypnotischem Zwang dazu zwingt, den hässlichen Alten zu küssen, wohingegen Mario glaubt, seine Geliebte zu küssen. Mario, aus der Hypnose zu sich gekommen und sich zutiefst gedemütigt fühlend, erschießt Cipolla, während dieser den Höhepunkt seines Machtrausches lachend genießt. Diese Tat wird vom Erzähler als Befreiung empfunden.

> Befreiung

Die Erzählung ist so aufgebaut, dass durch die klare **Korrespondenz des ersten und zweiten Teils** der zweite Teil auch die Erklärung für die im ersten Teil beobachtbaren Auswirkungen des Faschismus gibt. Italien hat seinen faschistischen Führer, wie das Saalpublikum in Cipolla seinen Führer hat. Der Faschismus arbeitet mit denselben Mittel, mit denen auch Cipolla seine Veranstaltung inszeniert. Der Faschismus ist Massenpsychose, in der das Volk wie hypnotisiert willenlos seinem Führer folgt.

> Faschismus

Nach den beim Aufbau beobachtbaren Gesetzmäßigkeiten lässt sich auch sagen, dass die „Befreiungstat" Marios, der Cipolla erschießt, auch die „Erlösungstat" für das Volk wäre, wenn es sich denn von seinem Führer befreien wollte.

Zimmermann hat den Aufbau der Erzählung treffend beschrieben. Er sei mit seinen wichtigsten Beobachtungen im Folgenden wiedergegeben:

3.3 Aufbau

"Die Struktur der Erzählung steht unter dem Gesetz einer stufenförmigen Steigerung. Es werden die dadurch ausgegliederten Erzählabschnitte auch wieder in sich durch einen mehrfachen Wechsel von crescendo und decrescendo deutlich profiliert. Dieses Profil ist im Gipfelereignis besonders ausgeprägt: Nachdem die Erzählung bis zu jenem inhaltlichen und stilistischen Höhepunkt angestiegen ist, da Mario im Trancezustand den ‚Betrüger' im Wahn, es sei seine Geliebte, auf die Backe küsst, zwingt uns der Erzähler, bei diesem ‚grotesken, ungeheuerlichen und spannenden Augenblick' dem ‚Augenblick von Marios Seligkeit', einige Zeit zu verweilen, ja er lenkt unsere Aufmerksamkeit gar auf ein Nebenmotiv ab, das Lachen des Giovanotto, ehe er die Mario-Handlung wieder aufnimmt und zu ihren ‚fatalen Ende' führt. Aber nicht nur hier im Schluss, vielmehr die ganze Erzählung hindurch wird die Darstellung des Vorganghaften immer wieder unterbrochen und damit die Lösung der Spannung hinausgezögert: durch Zwischenbemerkungen des Erzählers über das eigene Verhalten und das der Familie durch psychologisierende Analysen und kritische Betrachtungen. In diesen Abschnitten nähert sich die Novelle mitunter der wissenschaftlichen Untersuchung, dem ‚roman expérimental' im Sinne Zolas."[31]

---

31 Zimmermann, S. 287

3.4 Personenkonstellation und Charakteristiken

Die Figurenkonstellation ist so beschaffen, dass schon der Titel zwei polar zueinander stehende Figuren nennt: Mario und den Zauberer. Man könnte deren Verhältnis zueinander als das von Protagonist und Antagonist beschreiben. Das wäre aber wohl falsch, denn **Mario** kommt, auch wenn er den Zauberer erschießt, dennoch eine nur marginale Stellung zu. Er ist nämlich nur einer aus dem Publikum, statt Mario hätte der Zauberer durchaus andere Figuren aus dem Publikum zu sich auf die Bühne nehmen können. So tritt Mario auch nur ganz zum Ende der Erzählung in das Blickfeld des Erzählers; anfangs ist von ihm allenfalls einmal ganz beiläufig die Rede. Er ist ein untersetzt gebauter junger Mann von etwa zwanzig Jahren mit kurz geschorenen Haaren, niedriger Stirn und zu schweren Lidern über den Augen, deren Farbe ein

> Mario

„unbestimmtes Grau mit grünen und gelben Einschlägen war. [...] Das Obergesicht mit der eingedrückten Nase, die einen Sattel von Sommersprossen trug, trat zurück gegen das untere, von den dicken Lippen beherrschte, zwischen denen beim Sprechen die feuchten Zähne sichtbar wurden, und diese Wulstlippen verliehen zusammen mit der Verhülltheit der Augen seiner Physiognomie eine primitive Schwermut."

Gerade diese Schwermut, die von Mario ausstrahlt, ist es – so bekennt der Erzähler –, die ihn und seine Familienangehörigen während des Aufenthaltes für Mario einnahmen. „Wir hatten von jeher etwas übrig gehabt für Mario", heißt es einmal. Und die Familie kennt ihn so gut, weil er sie als Kellner häufig im „Esquisito" bedient hatte, indem er ihnen die be-

3.4 Personenkonstellation und Charakteristiken

stellte Schokolade brachte. Mario hat so gar nichts von Brutalität an sich; im Gegenteil, er wirkt auf den Erzähler „träumerisch" und scheint eine „leicht in Geistesabwesenheit sich verlierende Art" zu haben, die er wiederum „in hastigem Übergang durch eine besondere Dienstfertigkeit" korrigiert. Mario wirkt ernst, nicht mürrisch. Er ist ohne „gewollte Liebenswürdigkeit, oder vielmehr: [er] verzichtete auf Liebenswürdigkeit, sie machte sich offenbar keine Hoffnung". Es ist gerade diese unaufdringliche, schwermütige Art Marios, die seine Entblößung durch den Zauberer so grausam werden lässt. Gerade der unschuldige Mario wird durch den Zauberer manipuliert und somit bis zum Äußersten erniedrigt, so dass seine Reaktion auf diesen Akt der Erniedrigung verständlich wird.

Trotz dieser genaueren Charakterisierung Marios täte man dennoch gut daran, die Figurenkonstellation der Novelle so zu skizzieren, dass auf der einen Seite allein der Zauberer, auf der anderen Seite dann das gesamte Publikum steht. Sicherlich ist das nicht ganz homogen (es bildet sogar eine gewissen Querschnitt durch die italienische Bevölkerung), der ein oder andere aus dem Publikum wird von dem Erzähler auch namentlich oder durch eine Auffälligkeit aus der Masse herausgehoben (z. B. der junge Herr mit „stolz geschnittenem Gesicht"). Aber dennoch sind alle Mitglieder des Publikums letztlich zur Willenlosigkeit verurteilt; das ganze Publikum ist Opfer des Zauberers.

Einzig die reflektierte und dadurch distanzierte Haltung des **Ich-Erzählers** würde es erlauben, von einer dreistrahligen Figurenkonstellation zu sprechen; aber auch dies geht weitgehend an dem Text vorbei, wenn man bedenkt, dass letztlich auch der Erzähler ganz der ungeheuren Faszination, die trotz aller Hässlichkeit von dem Zauberer ausgeht, erliegt.

Cipolla

3.4 Personenkonstellation und Charakteristiken

Imhof charakterisiert **Cipolla** wie folgt:

"Cipolla ist der kaltblütige, kaltherzige, gewissenlose, brutale, raffinierte Verführer der Nation, ein Charlatan mit absolut gemeinen, aber unweigerlich bannenden Methoden, deren Zweck der scheußlichste Missbrauch einer persönlichen Macht ist. Er macht es auf die scheinbar natürlichste Weise. Er schulmeistert das Publikum. Er selbst unterliegt dem Bedürfnis der stimulierenden Wirkung von Nikotin und Alkohol. Er nennt sich mit pompösem und traditionsreichem Titel ‚Cavaliere'. Er schmückt sich mit Abzeichen. Er verachtet im Grunde die Masse, wie auch seine Tricks ‚auf der niedrigen Form der Offenbarung beruhen'. Rhetorik und Rabulistik seelischer Zwang (‚Willensentziehung und -aufnötigung', also Ausschaltung desjenigen Vermögens, das den Menschen erst zum Menschen macht; Entwürdigung und Entmenschlichung) und nackte Brutalität – drei Mittel der Diktatur zur Bezwingung des Volkes, um mit ihm nach reiner Willkür zu verfahren, es zu den würdelosesten und widernatürlichsten Handlungen zu nötigen, die Puppen tanzen zu lassen und dafür noch tosenden überzeugten Beifall zu kassieren und eine willenlose Gefolgschaft zu bekommen. Das Urteil wird deutlich gesprochen: ‚zweideutig unsauberer Charakter des Okkulten, Humbug und nachhelfende Mogelei'. Widerspruch wird mit allen Mitteln ausgeschaltet: durch Lächerlichkeit, Aufstachelung des Selbstgefühls, Spiel mit der eigenen Überlegenheit, hetzerische Rhetorik – und dabei ist der instinktive Gegner Giovanotto, das ‚Hännesschen', doch ein so sympathischer Kerl, wenn er auch von der ‚Modefrisur des erweckten Vaterlandes etwas entstellt und afrikanisch angemutet' ist! Der Zauberer hütet sich, den vornehmeren Teil des Publikums zu belästigen (auch das ist ein historischer Zug des Faschismus), bis auch dieser der Massensuggestion hemmungslos unterliegt,

3.4 Personenkonstellation und Charakteristiken

nachdem zunächst seiner Eitelkeit geschmeichelt worden war, um ihn desto sicherer willenlos zu machen. Dann betört der Zauberer auch die Ausländer, d. h. das Ausland. Die Willensfreiheit wird dialektisch negiert (‚ein Wille, der sich auf seine Freiheit richtet, stößt ins Leere'). Heimtückischerweise wird, genau in faschistischer Argumentation, das Herrschen als Dienen, Befehlen und Gehorsam als unauflösliche Einheit dargestellt, ‚wie Volk und Führer ineinander einbegriffen seien'. Wie unheimlich sarkastisch und verurteilend klingt jetzt der Satz: ‚Er tappte seherisch umher, geleitet und getragen vom öffentlichen, geheimen Willen'. Man muss das politisch deuten; so wird eine geschichtliche Lektion daraus. Durch die Teilnahme und das Gebanntsein der Kinder wird das Rattenfängerische des Zauberers erst recht gemeingefährlich. So begegnen auf Schritt und Tritt Anspielungen auf den Faschismus, die in ihrer Schärfe gar nicht zu übersehen sind. Die Frage des Widerstandes gegen den seelischen Terror wird erst am Schluss geklärt: dass nämlich gegen die Gewalt nur die Gewalt zu setzen sei. Passiver Widerstand (‚die Negativität der Kampfposition') ist sinnlos."[32]

> Konsequenzen

Zimmermann interpretiert Cipolla als Künstler:

„Der Zauberer Cipolla figuriert in der Novelle auch als Künstler und zählt in eben dieser Eigenschaft zu jenen problematischen Künstlerfiguren, die uns in Thomas Manns Werken immer wieder begegnen. [...] In ihnen tritt das Wesen des Künstlers als ‚etwas tief Zweideutiges, tief Anrüchiges' (‚Tonio Kröger') in Erscheinung, wird seine Arbeit ironisch als ‚zweifelhafte Tätig-

---

[32] Zit nach: Imhof, Eugen, *Thomas Mann: Mario und der Zauberer*. In: Der Deutschunterricht 4 (1952), S. 66 f.

3.4 Personenkonstellation und Charakteristiken

keit' gewertet ('Tristan'), verrät er einen 'verführerischen Hang zum Ungegliederten, Maßlosen, Ewigen, zum Nichts', zur 'orgiastischen Auflösung' ('Tod in Venedig'). [...] Das 'Außerordentliche und Unmenschliche' des Künstlers hat sich in Cipolla gleichsam verselbstständigt; in jenem 'seltsam fernen und unbeteiligten Verhältnis' zum Menschlichen spielt er [...] die Rolle des selbstgefälligen Cavaliere, des engagierten Patrioten, des pseudowissenschaftlichen Experimentators, des galanten Beschwörers und der schmachtenden Kokotte. In 'Gereiztheit' und in 'kalter Ekstase' spielt er aber auch mit dem Publikum und schlägt es in seinen Bann. Dabei ist seine Kunst der 'Steigerung der Effekte' und des spannungsreichen Wechsels zwischen gewöhnlichen Tricks und außergewöhnlichen Proben seiner 'Berufstüchtigkeit' nicht unähnlich jenen Verfahren, die der Erzähler selbst anwendet, um das Interesse zu wecken und die Spannung zu steigern. Unverkennbar ist die Verwandtschaft zwischen dem Stil des Erzählers und der rhetorischen Kunst des Illusionista, die von den gängigen Redensarten eines marktschreierischen Possenreißers ebenso weit entfernt sind wie von dem phrasenhaften Stil der Propaganda, ganz zu schweigen von der barbarischen Vergewaltigung der Sprache durch die Diktatoren des 20. Jahrhunderts.

[...] Unter diesem 'ästhetischen' Aspekt erscheint denn auch das zwiespältige Urteil des Erzählers über Cipolla verständlich, das schon im ersten Abschnitt, aber auch später noch mehrfach begegnet und das erkennen lässt, dass der Erzähler selbst nicht unempfänglich ist für den dämonischen Zauber des Illusionista. Und schließlich fällt von hier aus auch auf den Schluss der Novelle ein neues Licht. Das 'befreiende Ende' [...] wäre dann nicht nur Befreiung von der Atmosphäre der 'Gereiztheit und Überspannung', die jenen Ferienaufenthalt überschattete, auch nicht nur Befreiung in einem übertragen politischen Sinne als

3.4 Personenkonstellation und Charakteristiken

Abschüttelung einer zynischen und brutalen Gewaltherrschaft, unter der die ganze Epoche zu leiden hatte, sondern auch Befreiung in jenem umfassend anthropologischen Sinne, der immer und überall gilt: als Bändigung der dämonischen Kräfte in der menschlichen Natur, die gerade dem Künstler und hier wieder in besonderem Grade dem ‚bürgerlichen' Künstler, der sich der Humanität verpflichtet fühlt, auch besonders schmerzlich bewusst wird."[33]

---

33 Zimmermann, S. 301 ff.

3.5 Sachliche und sprachliche Erläuterungen

Torre di Venere (74): Venusturm; Thomas Mann selbst verbrachte seinen Urlaub vom 31. 8. bis 13. 9. 1926 in Forte dei Marmi, einem Ort nordwestl. von Pisa, in der Nähe von Portovenere, Torre di Greco und Portoclementino.
Choc (74): Schock.
Cipolla (74): zum Namen äußert sich Thomas Mann in einem Brief an Prof. Charles Duffy von der Akron University, der ihn um eine Erläuterung zu dem Namen bat. Thomas Mann erinnert sich an einen Mönch aus Boccaccios *Dekamerone*, misst dem Namen aber sonst keine weitere Bedeutung zu, als dass er „a good Italian name" sei, „as for instance Rampolla and others of this kind."[34]
Spektakel (74): Schauspiel, interessanter Vorfall.
Capannen (74): Badehütten, vor allem zum Umziehen gedacht.
Unverweltlichten (74): nicht mondän.
Marina Petriera (75): (ital.) steinige Küste.
Grand Hôtel (75): ein Hotel erster Klasse.
Pineta-Gärten (75): Pinienhaine.
Cornetti al burro (75): Butterhörnchen.
Flor (75): Blüte.
Schattentücher (76): Schatten spendende Tücher.
Klienten (77): Kunden.
Pranzo (77): Hauptmahlzeit.
Principe (77): Fürst.
Gehrockmanagers (77): Geschäftsführer in einem Frack.
Forum (78): Behörde.
Dependance (78): Nebengebäude eines Hotels.

---

34 Zit. nach Pörnbacher, S. 5

3.5 Sachliche und sprachliche Erläuterungen

Byzantinismus (78): am Hof von Byzanz praktiziertes Zeremonienwesen; dann auch Bezeichnung für ein übertrieben regelbewusstes, kriecherisches Verhalten.
Servile (78): untertänige.
Votum (78): Urteil.
Duse (79): Eleonore Duse-Chechi (1859–1924), international bekannte italienische Schauspielerin.
Etageren (79): Regale.
Stakkiertem (79): abgehacktem.
Korruption (79): Bestechlichkeit.
Etablissement (80): hier: vornehme Gaststätte.
Pyjama (80): Anzug aus sehr leichtem Material; Schlafanzug und Strandanzug.
Mediokrität (81): Mittelmäßigkeit.
Kroppzeug (81): Gesindel, Pack.
In heiserer Unbedecktheit (81): in aller Schärfe.
Rispondi al mèno! (81): Antworte mir wenigstens!
Antikische Heldenjammergeschrei (81): die lauten Klagen der Helden in Homers Epos.
Prästabilierte (82): leistete.
Melonenhut (83): runder Hut.
Philippika (83): Strafrede.
Suade (84): Redefluss.
Euphemismus (84): sprachliche Beschönigung.
Prüderie (84): Ziererei in sexuellen Fragen.
Municipio (84): Rathaus.
Aperçu (85): geistreicher Einfall.
Angeber (85): hier: Denunziant.
Sciroccoschwüle (86): der Scirocco ist ein feuchter, heißer Süd- oder Südostwind in Italien.
Cavaliere (86): Inhaber der untersten Ordensklasse und der ersten Stufe eines adligen Titels.

3.5 Sachliche und sprachliche Erläuterungen

Forzatore, Illusionista und Prestidigitatore (86): Kraftmensch, Zauberer und Taschenspieler.
Phänomenen (86): Erscheinungen.
Gutsagen (87): Bürgen.
Cinema (87): Film.
Coiffeur (87): Friseur.
Feudalen (87): hier: Aristokraten, das gehobene Bürgertum.
Lax (87): locker.
Autochthone (88): einheimische.
Frutti di mare (88): Meeresfrüchte; z. B. Muscheln u. a.
Pronti! (89): Los!
Cominciamo (89): Fangen wir an!
Flakon (89): Fläschchen.
Atlasgefütterter (90): Atlas ist ein Seidenstoff.
Pelerine (90): Umhang ohne Ärmel.
Gesamthabitus (90): sein gesamtes Erscheinungsbild.
Lasurstein (91): blauer Edelstein, Lapislazuli.
Regie (91): hier: Verwaltung des Tabakgeschäfts unter Aufsicht des Staates.
Grimassierend (91): Grimassen schneidend.
Buona sera! (92): Guten Abend!
Paura (92): Angst.
Bè (92): Nun.
Ha [...] scilinguagnolo (92): Er hat ein gutes Mundwerk.
Giovanotto (92): junger Mann.
Sistema americano, sa' (92): nach amerikanischem System, weißt du.
Uno (93): eins.
Taschenspielersoiree (93): Abendveranstaltung.
Am Kriege (94): Erster Weltkrieg.
Corriere della Sera (94): ital. Zeitung.

3.5 Sachliche und sprachliche Erläuterungen

Bruder des Duce (94): Arnaldo Mussolini; zunächst Lehrer, dann anstelle seines Bruders, Benito Mussolini, Direktor der Zeitung Popolo d'Italia.
Donnaiuolo (95): Schürzenjäger.
Parla benissimo (95): Er spricht sehr gut.
Ingredienz (95): Teil von etwas.
Simpatico (96): sympathischer Mensch.
Verdruss (96): hier: Höcker auf dem Rücken.
Non so scrivere (98): Kann nicht schreiben.
Nubischen Haartracht (98): hochstehende Haare, wie sie von den Nubiern getragen wurden.
Des gastrischen Systems (100): des Magens.
Kolik (100): starke Leibschmerzen.
Il boît beaucoup (101): Er trinkt viel.
Zero (102): Null.
Summanden (103): die einzelnen bei einer Addition zusammengezählten Zahlen.
Crayon (103): Bleistift.
Ingenium (104): Phantasie.
E servito (105): ich stehe zu Diensten.
Phänomenalen (105): ungewöhnlichen, außerordentlichen.
Lavora bene (105): Er arbeitet gut.
Intimere (106): hier: genauere, detailliertere.
Des Okkulten (106): des Geheimnisvollen.
Vexatorisch (106): quälerisch.
Amalgam (106): Legierung eines Metalls mit Quecksilber.
Pensez très fort! (108): Denken sie stark nach!
Venerazione (108): Verehrung.
Rationalistisch (109): von der Vernunft bestimmt.
Una cioccolata e biscotti! (111): Schokolade und Kekse.
Subito! (111): Sofort!
Fuchtel (113): mit einem Gegenstand in der Luft herumfahren.

3.5 Sachliche und sprachliche Erläuterungen

Kataleptisch (113): von einer Muskelstarre befallen.
Colonello (114): Oberst.
Accidente (115): Unfall.
Somnambulismus (116): Schlafwandeln.
Balla! (117): Tanze!
Una ballatina (118): ein Tänzchen.
Kirke (118): Zauberin, die in Homers *Odyssee* ihre Feinde in Tiere verzaubert.
Tarantella (119): neapolitanischer Tanz.
Physiognomie (120): Gesichtsausdruck.
Complet (121): Jacke und Hose aus dem gleichen Stoff.
Ragazzo mio! (121): mein Junge.
Salve! (121): Sei gegrüßt!
Zum römischen Gruß (121): Grußzeichen der Faschisten mit fast senkrecht gehobener Hand.
Paschahaftes (121): Gebieterisches.
Kurzwarengeschäft (122): Kurzwaren sind z. B. kleine Verkaufsartikel wie Nadeln, Knöpfe, Nähgarn usw.
Cameriere (122): Kellner.
Ganymed (123): Figur aus der griechischen Mythologie. Ein Knabe aus dem trojanischen Königsgeschlecht, der von den Göttern wegen seiner Schönheit in den Himmel geholt und dort als Mundschenk eingesetzt wurde.
Un tratto di malinconia (123): ein Zug von Schwermut.
Nossignore (123): Nein, mein Herr (No, Signore).
Beutelaugen (125): durch die Tränensäcke scheinbar tief liegende Augen.
Skurrilen (125): verzerrten.
Detonationen (126): Explosionen.
Karabinierepaar (126): Polizistenpaar.
Fatales (127): verhängnisvolles.

3.6 Stil und Sprache

Zunächst ist *Mario und der Zauberer* ein **unprätentiöser Reisebericht.** Dem entspricht eine gewisse „**stilistische Unbefangenheit**"[35], die sich in **redensartlichen Redewendungen,** mit denen der Erzähler den Leser anspricht, zeigt („Sie haben Recht"; „Ich halte Ihnen keinen Vortrag"). Daneben finden sich scheinbar spontan geäußerte, umgangssprachliche Kurzkommentare, wie „Das war ja ausgezeichnet. Der junge Mann hatte wahrhaftig Haare auf den Zähnen." Sie verleihen der Erzählung zumindest passagenweise den Charakter der **Mündlichkeit,** weniger der Schriftsprachlichkeit. Schließlich äußert sich die stilistische Unbefangenheit auch in jenen kritischen Bemerkungen über das eigene Verhalten, die ebenfalls im Ton **konventioneller Konversation** gehalten sind und somit den Eindruck erzeugen können, dass der Reisebericht auch als laut artikulierte Rechtfertigungsrede des Ich-Erzählers vor sich selbst verstanden werden kann (z. B. folgende Textstelle: „Zu entschuldigen ist es nicht, dass wir blieben, und es zu erklären ist fast ebenso schwer. Glauben wir B sagen zu müssen, nachdem wir A gesagt und irrtümlicherweise die Kinder überhaupt hierher gebracht hatten?"). Auffällig am Stil der Erzählung ist überdies, dass durch die Art des Erzählens das Erzählte immer wieder **auf eine politische Bedeutung durchsichtig** gemacht werden soll. So spiegelt die Darstellung des Hauptgeschehens nicht nur die

---

35 Hans Eichner, *Thomas Mann. Eine Einführung in sein Werk,* S. 64

„wachsende Hybris des Diktators wider; vielmehr werden in der satirisch überzeichneten Schilderung der Verhaltensweisen des Publikums auch typische Formen politischer Unterwerfung und politischen Widerstands im faschistischen Machtbereich nach dem Gesetz der Steigerung derart entfaltet, dass in der Katastrophe am Ende die radikalste Unterwerfung in die radikalste Erhebung umschlägt. (...)
Darstellung und Deutung des Künstlers, der Aufbau seiner Veranstaltung und die Reaktionen des Publikums werden sprachlich so dargeboten, dass „alle Auskünfte und theoretischen Darlegungen des Erzählers über die äußeren und inneren Kräfte des Magiers darauf abzielen, den ‚zweideutig-unsauberen und unentwirrbaren Charakter' der faschistischen Diktaturen und ihrer die Masse teils betäubenden, teils aufpeitschenden, in jedem Falle Vernunft und Gewissen abtötenden Ideologien und Praktiken bloßlegen." [36]

---

36 Zimmermann, S. 296 f.

3.7 Interpretationsansätze

Bei der Interpretation von *Mario und der Zauberer* ist vor allem strittig, wie weit diese Novelle eine von Thomas Mann beabsichtigte direkte Auseinandersetzung mit dem Faschismus war oder nur eine allgemeiner gehaltene ethisch-politische Stellungnahme abgab. Thomas Mann nimmt zu dieser Frage wechselnde Positionen ein. Dies sei im Folgenden durch einige zentrale Selbstäußerungen des Autors zu seinem Werk belegt.

Stil der Erzählung

Thomas Mann lehnt zunächst eine politische Deutung seiner Novelle ab:

> „Was ‚Mario und der Zauberer' betrifft, so sehe ich es nicht gern, wenn man diese Erzählung als eine politische Satire betrachtet. Man weist ihr damit eine Sphäre an, in der sie allenfalls mit einem kleinen Teil ihres Wesens beheimatet ist. Ich will nicht leugnen, dass kleine politische Glanzlichter und Anspielungen aktueller Art daran angebracht sind, aber das Politische ist ein weiter Begriff, der ohne scharfe Grenze ins Problem und Gebiet des Ethischen übergeht, und ich möchte die Bedeutung der kleinen Geschichte, vom Künstlerischen abgesehen, doch lieber im Ethischen als im Politischen sehen."[37]

Vergleichbar äußert er sich noch am 14. 10. 1949 gegenüber Louis M. Grant:

> „‚Mario and the Magician' should not be regarded too much as an allegory. It is simply a story of human affairs which should interest the reader for its own sake and not for some hidden meaning.

---

37 Thomas Mann an Bedrich Fucik, 15. 4. 1932

3.7 Interpretationsansätze

The hypnotician did not know Mario before, and did not know anybody from the audience beforehand. But he has a clever technique of finding out people's personal secrets, and realizes very soon what is going on between Mario and the aggressive youth with the wild, fascist haircut. He understands that they are rivals for the affections of the same girl, and during his hypnosis he makes Mario believe that he himself is the girl Mario loves so that Mario kisses him. When Mario discovers the deceit, he is so enraged that he shoots the magician. The fact that he carries a gun is hardly surprising considering the jealous tension existing between him and the arrogant youth." [38]

In einem Brief an Flesch führt Thomas Mann aus:

*„Sie [d. i. Hans Flesch] stellen mir die Frage, die mir aus der Zeit, als ‚Mario und der Zauberer' erschien, schon vertraut ist. Ich kann nur sagen, dass es viel zu weit geht, in dem Zauberer Cipolla einfach eine Maskierung Mussolinis zu sehen, aber es versteht sich andrerseits, dass die Novelle entschieden einen **moralisch-politischen** Sinn hat. Der europäische Faschismus war damals im Heraufziehen, seine Atmosphäre lernte ich bei dem Besuch in Italien, der die Erzählung zeitigte, kennen, und die Tendenz der Novelle **gegen menschliche Entwürdigung und Willenszwang** ist denn auch in der vorhitlerischen, nationalistisch-faschistischen Sphäre Deutschlands klar genug empfunden worden, so dass in diesen Kreisen die Erzählung heftig abgelehnt wurde. Immerhin, sie ist in ihrer Gesamtheit als Kunstwerk zu betrachten, nicht als tagespolitische Allegorie."* [39]

---

38 Zit. nach: Pörnbacher, S. 42
39 Brief an Hans Flesch, 1941

3.7 Interpretationsansätze

Einem amerikanischen Interpreten seiner Erzählung schrieb Mann:

„Dank für ihre feine, gescheite Analyse von ‚Mario und der Zauberer'. Ich selbst habe immer noch etwas übrig für diese Geschichte. Als ich sie schrieb, glaubte ich nicht, dass Cipolla in Deutschland möglich sei. Es war eine patriotische Überschätzung meiner Nation. Schon die gereizte Art, in der die Kritik die Erzählung aufnahm, hätte mir zeigen sollen, wohin die Reise ging, und was alles auch in dem ‚gebildetsten' Volk – gerade ihm – möglich sein werde.
Übrigens zweifle ich heute an meinem guten Glauben. Im Grunde war die Novelle wohl eine erste Kampfhandlung gegen das, was damals schon die europäische Gesamtatmosphäre erfüllte und durch den Krieg nicht restlos aus ihr vertrieben worden ist."[40]

Anders als Thomas Mann verwiesen frühe Kritiken der Novelle auf die Möglichkeit einer eindeutig politischen Lesart. In einer Rezension kurz nach Erscheinen verweist Julius Bab auf den politischen **Gehalt** der Novelle:

„Alles ist geschwängert von posierender Großartigkeit, nationalistischer Unduldsamkeit und einer tyrannischen Gewalttätigkeit, die gleichsam von oben nach unten auf die ganze Nation träuft. Dieser bucklige Zauberer, der mit seiner Suggestionsstärke die Menschen vergewaltigt, mit einer wippenden Reitpeitsche jedes Selbstgefühl unterjocht, er wird schließlich zur spukhaften Karikatur des hier viel genannten großen Mannes, der heute mit etwas, aber nicht sehr, anderen Mitteln sein ganzes Volk und die halbe Welt in Suggestion hält. Am Ende aber

---

40 20. 4. 1947

3.7 Interpretationsansätze

bricht die Empörung der geschändeten Seele aus. ‚Ein Ende mit Schrecken, ein höchst fatales Ende und ein befreiendes Ende dennoch. Ich konnte und kann nicht umhin, es so zu empfinden!' Sicherlich, es wäre falsch, zu behaupten, Thomas Mann habe hier bewusst etwas Politisches versinnbildlichen wollen. Wahrscheinlich ist die Sache mit dem Zauberkünstler wirklich so ähnlich passiert. Aber eben deshalb hat sie sinnbildliche Stärke! Wenn Mussolini etwas von Kunst verstände, müsste er diese Novelle in Italien verbieten lassen."[41]

Einen politischen Gehalt in der Novelle vermutet auch der Kritiker Bernard Guillemin:

„Auf den ersten Blick besteht nur eine ziemlich lose Verbindung [zwischen dem ersten und zweiten Teil der Erzählung], keine organische Proportion. Sehr genau, sehr überzeugend und lebensecht wird uns die unbehagliche, sonderbar überreizte und (um ein Lieblingswort Mussolinis zu gebrauchen) ‚erhitzte' Stimmung in einem kleinen italienischen Seebad geschildert. Diese Schilderung nimmt fast ein Drittel der Novelle ein, die im Übrigen von einem Zauberer und seinen Darbietungen handelt. Und zuerst hält man die unverhältnismäßig breit ausgesponnene Ouvertüre als nicht zum Thema gehörig, bis man allerdings zu ahnen beginnt, dass vielleicht doch eine untergründige Beziehung besteht zwischen ihr und dem Folgenden. Denn es folgt zwar das Auftreten des Magiers Cipolla, es folgen allerhand fragwürdige Kunststücke, die ganz für sich zu stehen scheinen – und tatsächlich will dieser Cipolla, der seine hypnotische Begabung auf die taktloseste und gefährlichste Weise missbraucht und schließlich von einem Opfer seiner entwürdigenden Hänseleien erschossen wird, nichts ande-

---

41 Zit nach: Pörnbacher, S. 44 f.

3.7 Interpretationsansätze

> *res sein als er selbst. Doch obzwar er nur sich selbst ähnlich ist, gehört er, entkleidet man ihn seiner scharf umrissenen konkreten Individualität, einem größeren und höheren Typus an, mit dem er den rhetorischen Glanz, das rattenfängerische Wesen, die wirksame Zauberei der Schlagworte und Formeln, die Kunst der Willensentziehung und -aufnötigung, die bewundernswerte, aber auch gefährliche Fähigkeit der ‚Erhitzung', die heute sein Volk immer lauter und selbstgewisser zu beherrschen scheinen, vertretungsweise gemein hat. Und so weist Cipolla, auf eine freilich sehr undeutliche, versteckte und geheimnisvolle Weise, zugleich über sich selbst hinaus."* [42]

Wie die Rezensenten interpretieren auch die Literaturwissenschaftler die Novelle als einen Beitrag von Thomas Mann zur Auseinandersetzung mit dem Faschismus. So zeigt Hans Mayer die Nähe Cipollas zum **Faschismus** auf:

> *„Der Herr Cipolla blendet die Geister und verwirrt die Gefühle. Er ist ein Verzauberer, aber er ist vor allem ein Faschist.[...] Die Affäre des Herrn Cipolla gehört in einen umfangreichen Erlebnisbereich. [...] Alles ist unecht, unnatürlich vom ersten Augenblick an: die Kriecherei der Hotelverwaltung, die krampfige und törichte Römertugend der faschistischen Nutznießer am Badestrand, die Spitzelei und Feigheit der Behörden. Das abscheuliche Treiben des Hypnotiseurs gehört organisch in diesen Rahmen einer unorganisch lebenden Umwelt.[...] Bezeichnend ist aber auch die Reaktion der Unterworfenen, die ein solches Spiel mit sich treiben lassen. Die Kinder zwar sehen in allem nur das Theater und Spektakel. Sie nehmen nicht ernst, was eigentlich in seiner Unnatürlichkeit und Unechtheit, in*

---

42 Zit. nach: Pörnbacher, S. 46

3.7 Interpretationsansätze

seiner Unmenschlichkeit auch gar nicht ernst genommen werden darf. Anders die Erwachsenen. Sie müssten eigentlich pfeifen, das Schauspiel als solches ablehnen, dem Spuk im Namen ihrer geistigen Selbständigkeit ein Ende machen. Das tun sie keineswegs. Sie spielen mit – als Opfer, die sie sein wollen. Freiwillig vollziehen sie die Abdankung des Willens: den Erzähler Thomas Mann mit eingeschlossen. Warum erhebt er sich eigentlich nicht, den Saal zu verlassen, als nur allzu klar geworden ist, was hier gespielt wird? Das fragt er sich selbst; aber er bleibt sitzen. Seine Neugierde grenzt schon an Verfallensein und Schwächung des Willens. Er bleibt auch hier mitten im faschistischen Spuk, ganz wie er vorher bereits trotz aller peinlichen Erlebnisse in diesem Badeort, diesem Lande geblieben war. Sein Verhalten im Theatersaal stimmt zusammen mit diesem ganzen Vorgang eines halben Mitmachens, das er die ganze Zeit beibehält. Was nützt es ihm also, wenn er den Spuk beobachtet und analysiert, solange er nichts tut, ihn aus dem eigenen Lebenskreis dadurch auszusperren, dass er aufsteht und nicht mehr mitmacht!

Es zeigt sich nämlich, dass man nicht halb dem Zauberer zu widerstehen vermag. Hier gibt es nur ganzen Widerstand oder ganze Preisgabe. Das zeigt sich am Beispiel des ‚Herrn aus Rom'. Er gehört offenbar der bürgerlichen Klasse an, will aber dem Zauberer, also dem Faschismus, ein Nein entgegensetzen. Unter dem Willen des schmierigen Magiers will er nicht tanzen. Aber es genügt nicht, dass man den fremden Willen ablehnt, solange man ihm keinen eigenen positiven Willen entgegenzusetzen hat. Die Freiheit des Nichtswollens bleibt leer und abstrakt, wenn sie sich nicht mit realen Inhalten verbunden weiß. An der ‚Negativität' seiner Kampfposition scheitert schließlich der bürgerliche Antifaschismus. Er tanzt, nach kurzem Widerstreben, endlich doch im Takt der Reitpeitsche. Das ist ein

3.7 Interpretationsansätze

> *neuer Blick Thomas Manns auf die politische und gesellschaftliche Rolle des Bürgertums. Gar nicht zu erwähnen braucht man die so genannten Oberschichten im Publikum des Theatersaales. Da gibt es natürlich die ‚gute Gesellschaft' des faschistischen Regimes. Neben ihnen aber sitzen die wohlhabenden Badegäste aus dem Auslande, die englisch und französisch sprechen. Keiner von ihnen denkt daran, dem Seelenverführer Einhalt zu gebieten. Sie machen mit, sie tanzen in Wollust und Hingabe, drängen sich sogar, wie jene englische Dame, nahezu ungerufen in den Kreis der Verzauberung."*[43]

Kurzke stellt die Frage nach dem Verhältnis von **Faschismus und Dekadenz** und dem möglichen **Widerstand** gegen Cipolla:

> *„Das ethische Problem ist die Frage nach der Widerstandskraft des vernünftigen bürgerlichen Individuums. Es lässt sich in der Terminologie Schopenhauers formulieren: Welche Chancen hat die Welt der Vorstellung, sich gegen die Welt als Wille zu behaupten. Sie ist gering. Das Urteil über die Welt vom Stand der Vorstellung leitet in der Erzählung eine Reihe von Gestalten, die sich kraft ihrer Vernunft gegen die Verführung des Hypnotiseurs behaupten wollen. Es sind dies der Giovanotto, der dem Publikum die Zunge zeigen muss, der trotzige Herr aus Rom, der seine Willensfreiheit vergeblich erprobt und am Ende doch tanzen muss, und der Colonello, der den Arm nicht mehr heben kann. Cipolla aber beweist, dass die Welt als Wille stärker ist. Er ist der Verführer zur tieferen Wahrheit des Seins. Denn eigentlich vergewaltigt er seine Opfer nicht, sondern erfüllt ihren tiefen Wunsch, sich gehen zu lassen und die anstren-*

---

[43] Zit. nach: Hans Mayer: *Thomas Mann*, Frankfurt a. M. 1984, S. 166–169

3.7 Interpretationsansätze

gende Haltung der Vernunft, der Form, der Gesittung preiszugeben. [...] Seine Wirkung gibt sich als befreiende, nicht als zwingende. [...] Die eigentliche ‚Vergewaltigung', wie Cipolla sagt, ist vielmehr die ‚mündige Freiheit des Individuums'. Sie ist wie bei Schopenhauer nur eine Illusion. Sie aufzugeben bedeutet Vergnügen und orgiastische Lust. [...]

Der Verführer Cipolla ist eine Künstlergestalt. Es mangelt ihm an körperlicher Konkurrenzfähigkeit. Sein Motiv ist deshalb die Rache des zu kurz gekommenen Geistes am Leben. [...] Er ist ein dekadenter Künstler, körperlich verfallen und mit schlechten Zähnen, der die Willensanspannung seines Geistes nur mit Hilfe von Narkotika aufrechterhalten kann. [...] Er ist [...] ein Leistungsethiker, der, narzisstisch wie Thomas Mann, davon ausgeht, dass nur er leidet (weil er vom Leben ausgeschlossen ist), nicht seine ‚Opfer', dass diese vielmehr die Lust erhalten, die ihm versagt ist. [...]

Wie steht es [...] mit der Beziehung zum Faschismus? Sie ist vorhanden, aber nicht im Sinne einer realistischen Spiegelung des faschistischen Italien, auch nicht in dem differenzierten Sinne, dass Mann mit Cipolla die faschistische Ästhetisierung der Politik habe zeigen wollen [...] , sondern in indirekter Form, sofern die Novelle und die Faschismustheorie sich in dem Dritten begegnen: der von Nietzsche inspirierten und auf Schopenhauers Grundvorstellung aufruhenden Dekadenzanalyse. Auch der Faschismus ist ein Dekadenzprodukt, geboren aus der tiefen Sehnsucht nach Befreiung von den Anstrengungen der Vernünftigkeit. Cipolla ist Faschist, sofern er, wie der Künstlerbruder Hitler, diesen Irrationalismus organisiert. Das Volk aber ist dafür empfänglich. Es wird nicht einfach hypnotisch vergewaltigt, sondern in seinem tiefsten Wesen angesprochen."[44]

---

44 Kurzke, *Thomas Mann. Epoche – Werk – Wirkung*, München 1985, S. 229–231

4. Themen und Aufgaben zu *Tonio Kröger* und *Mario und der Zauberer*

Die Lösungstipps beziehen sich auf die Seiten der vorliegenden Erläuterung.

4.1 *Tonio Kröger*

Aufgabe	Lösungstipps
1) Charakterisieren Sie Tonio Kröger. Sammeln Sie alle Textstellen, in denen Tonios äußeres Erscheinungsbild beschrieben wird, arbeiten Sie die Bedeutung seines Namens heraus und berücksichtigen Sie Herkunft und Veranlagung seiner Eltern.	s. S. 20 ff. s. S. 43 s. S. 21 u. 38 f.
2) Bestimmen Sie das Verhältnis des „Menschen" Tonio und des „Künstlers" Tonio zu seiner Umwelt.	s. S. 24 f.
3) Welches Verhältnis haben die „Blonden" und die „Blauäugigen" zu Tonio und welches Verhältnis hat er zu ihnen?	s. S. 38
4) Inwiefern handelt es sich bei folgenden Personen um Spiegelungsfiguren Tonios:	
a) Magdalena Vermehren,	s. S. 39
b) die Malerin Lisaweta	s. S. 26
c) der Novellist Adalbert?	s. S. 39

4.1 Tonio Kröger

5) Mit welchen Gegensatzpaaren wird die Grundsatzspannung der Erzählung umschrieben?	s. S. 51 f.
6) Was meint Tonio mit Erkenntnisekel?	s. S. 40 f.
7) Lässt sich eine Entwicklung in Tonios Auffassung von der Kunst herausstellen?	s. S. 31, 41 f., 55 ff., 58 ff.
8) Welche Leistung haben Ironie, Liebe und Humor im Kunstkonzept Tonios?	s. S. 61 ff.

4.2 Mario und der Zauberer

1) Informieren Sie sich über die Entstehung des Faschismus in Italien.
2) Erläutern Sie den Untertitel der Novelle *Ein tragisches Reiseerlebnis*.
3) Beschreiben Sie die Erzählhaltung, die der Erzähler zu seinem Erzählgegenstand einnimmt.   s. S. 94
4) Was macht in der Exposition der Erzählung das „eigentümlich Bösartige der Stimmung" aus und inwiefern verweist dies auf den Auftritt Cipollas als den Höhepunkt der Erzählung?   s. S. 69 ff.
5) Was trägt die Einleitung zum Verständnis des Hauptteils bei?   s. S. 79 f.
6) Charakterisieren Sie Cipolla.   s. S. 85 ff.
7) Wie steigert Cipolla in seiner Vorstellung die „Effekte"?
8) Welches Verhältnis baut Cipolla zu seinem Publikum auf?
9) Welche gesellschaftlichen Gruppen sind in dem Publikum repräsentiert und wie verhalten sich die einzelnen Gruppen oder deren Repräsentanten?   s. S. 101 f.
10) Welche Formen der Unterwerfung unter Cipolla lassen sich ausmachen und welche Formen des Widerstands werden aufgezeigt?   s. S. 102 f.

4.2 Mario und der Zauberer

11) Welche Parallelen zwischen dem Publikum und dem Verhalten eines Volkes in einer Diktatur lassen sich aufzeigen?	s. S. 95, 99 f.
12) Wo finden sich in der Novelle direkte oder indirekte Anspielungen auf die Ideologie und Praxis einer faschistischen Diktatur?	s. S. 103
13) Warum ist für den Erzähler das Ende ein „befreiendes Ende"?	s. S. 87 f.

5. Rezeptionsgeschichte und Materialien

Beide Texte, *Tonio Kröger* wie *Mario und der Zauberer*, umkreisen in vielfältiger Form die Frage nach dem Verhältnis von Kunst und Leben, Kunst und Moral, Kunst und Politik. Darum seien als Materialien Äußerungen von Thomas Mann zu diesen Komplexen zusammengestellt. Sie können mit den entsprechenden Gedanken aus dem *Tonio*, bzw. dem *Mario* verglichen oder kontrastiert werden.

„Die Moral des Künstlers ist Sammlung, sie ist die Kraft zur egoistischen Konzentration, der Entschluss zur Form, Gestalt, Begrenzung, Körperlichkeit, zur Absage an die Freiheit, die Unendlichkeit, an das Schlummern und Weben im unbegrenzten Reich der Empfindung, – sie ist mit einem Wort der Wille zum Werk. Aber unedel und unsittlich, blutlos und widrig das Werk, das aus der kalten, klugen und tugendhaften Geschlossenheit eines Künstlertums geboren ward! Die Moral des Künstlers ist Hingebung, Irrtum und Selbstverlust, sie ist Kampf und Not, Erlebnis, Erkenntnis und Leidenschaft."
(*Süßer Schlaf*, GW 11, S. 338)

„Auch persönlich genommen ist ja die Kunst ein erhöhtes Leben. Sie beglückt tiefer, sie verzehrt rascher. Sie gräbt in das Antlitz ihres Dieners die Spuren imaginärer und geistiger Abenteuer, und sie erzeugt, selbst bei klösterlicher Stille des äußeren Daseins, auf die Dauer eine Verwöhntheit, Überfeinerung, Müdigkeit und Neugier der Nerven, wie ein Leben voll ausschweifender Leidenschaften und Genüsse sie kaum hervorzubringen vermag."
(*Der Tod in Venedig*, GW 8, S. 457)

5. Rezeptionsgeschichte und Materialien

„*Schön ist Entschlossenheit. Aber das eigentlich fruchtbare, das produktive und also das künstlerische Prinzip nennen wir den Vorbehalt. [...] Wir lieben ihn im Geistigen als Ironie – jene nach beiden Seiten gerichtete Ironie, welche verschlagen und unverbindlich, wenn auch nicht ohne Herzlichkeit, zwischen den Gegensätzen spielt und es mit Parteinahme und Entscheidung nicht sonderlich eilig hat: voll der Vermutung, dass in großen Dingen, in Dingen des Menschen, jede Entscheidung als vorschnell und vorgültig sich erweisen möchte, dass nicht Entscheidung das Ziel ist, sondern der Einklang – welcher, wenn es sich um ewige Gegensätze handelt, im Unendlichen liegen mag, den aber jener spiegelnde Vorbehalt, Ironie genannt, in sich selber trägt, wie der Vorbehalt die Auflösung.*"
(*Goethe und Tolstoi*, GW 9, S. 170 f.)

„*Unmöglich könnte ich den Künstler schelten, der erklärte, Weltverbesserung im moralischen Sinn sei nicht die Sache von seinesgleichen. Der Künstler ‚verbessere‘ die Welt auf eine ganz andere Weise als durch moralische Lehre, nämlich indem er sein Leben überhaupt – und auf eine stellvertretende Weise das Leben überhaupt – im Wort, im Bild, im Gedanken befestige, ihm Sinn und Form verleihe und die Erscheinung durchsichtig mache für das, was Goethe ‚des Lebens Leben‘ nannte: dem Geist. Unmöglich könnte ich dem widersprechen, wenn er darauf bestände, Belebung in jedem Sinn, das sei die Aufgabe der Kunst – und sonst nichts. Bei Goethe [...] liest man klipp und klar: ‚Es ist wohl möglich, dass ein Kunstwerk moralische Folgen habe, aber vom Künstler moralische Absichten und Zwecke zu verlangen, heißt, ihm sein Handwerk verderben‘.*"
(*Der Künstler und die Gesellschaft*, GW 10, S. 386 f.)

5. Rezeptionsgeschichte und Materialien

In Thomas Manns Essay *Bruder Hitler*, der 1939 publiziert wurde, finden sich folgende Passagen, die durchaus auch auf Cipolla beziehbar wären:

„Der Bursche ist eine Katastrophe; das ist kein Grund, ihn als Charakter und Schicksal nicht interessant zu finden. Wie die Umstände es fügen, dass das unergründliche Ressentiment, die tief schwärende Rachsucht des Untauglichen, Unmöglichen, zehnfach Gescheiterten, des extrem faulen, zu keiner Arbeit fähigen Dauer-Asylisten und abgewiesenen Viertelskünstlers, des ganz und gar Schlechtweggekommenen sich mit den (viel weniger berechtigten) Minderwertigkeitsgefühlen eines geschlagenen Volkes verbindet, welches mit seiner Niederlage das Rechte nicht anzufangen weiß und nur auf die Wiederherstellung seiner ‚Ehre' sinnt; wie er, der nichts gelernt hat, aus vagem und störrischem Hochmut nie etwas hat lernen wollen, der auch rein technisch und physisch nichts kann, was Männer können, kein Pferd reiten, kein Automobil oder Flugzeug lenken, nicht einmal ein Kind zeugen, das eine ausbildet, was Not tut, um jene Verbindung herzustellen: eine unsäglich inferiore, aber massenwirksame Beredsamkeit, dies platt hysterisch und komödiantisch geartete Werkzeug, womit er in der Wunde des Volkes wühlt, es durch die Verkündigung seiner beleidigten Größe rührt, es mit Verheißungen betäubt und aus dem nationalen Gemütsleiden das Vehikel seiner Größe, seines Aufstiegs zu traumhaften Höhen, zu unumschränkter Macht, zu ungeheueren Genugtuungen und Über-Genugtuungen macht, – zu solcher Glorie und schrecklichen Heiligkeit, dass jeder, der sich früher einmal an dem Geringen, dem Unscheinbaren, dem Unerkannten versündigt, ein Kind des Todes, ein Kind der Hölle ist. [...]

Künstlertum... Ich sprach von moralischer Kasteiung, aber muss man nicht, ob man will oder nicht, in dem Phänomen eine Erscheinungsform des Künstlertums wiedererkennen? Es ist, auf eine gewisse beschämende Weise, alles da: die ‚Schwierigkeit', Faulheit

5. Rezeptionsgeschichte und Materialien

und klägliche Undefinierbarkeit der Frühe, das Nichtunterzubringensein, das Was-willst-du-nun-eigentlich?, das halb blöde Hinvegetieren in tiefster sozialer und seelischer Boheme, das im Grunde hochmütige, im Grunde sich für zu gut haltende Abweisen jeder vernünftigen und ehrenwerten Tätigkeit – auf Grund wovon? Aufgrund einer dumpfen Ahnung, vorbehalten zu sein für etwas ganz Unbestimmbares, bei dessen Nennung, wenn es zu nennen wäre, die Menschen in Gelächter ausbrechen würden. Dazu das schlechte Gewissen, das Schuldgefühl, die Wut auf die Welt, der revolutionäre Instinkt, die unterbewusste Ansammlung explosiver Kompensationswünsche, das zäh arbeitende Bedürfnis, sich zu rechtfertigen, zu beweisen, der Drang zur Überwältigung, Unterwerfung, der Traum, eine in Angst, Liebe, Bewunderung, Scham vergehende Welt zu den Füßen des einst Verschmähten zu sehen."
(*GW* 12, S. 845 ff.)

Thematische Parallelen gibt es zwischen *Tonio Kröger* und Thomas Manns Erzählung *Die Hungernden*, in der es heißt:

„Wir Einsamen, so hatte er irgendwo einmal in einer bekenntnisstillen Stunde geschrieben, [...] wir alle hegen eine verstohlene und verzehrende Sehnsucht in uns nach dem Harmlosen, Einfachen und Lebendigen".
(*GW* 8, S. 265)

In dem Text *Im Spiegel* heißt es:

„Ich [...] setzte in Zivilkleidern mein fahrlässiges Leben fort. Eine Zeit lang war ich Mitredakteur des Simplizissimus – man sieht, ich sank von Stufe zu Stufe. Ich ging in das vierte Jahrzehnt meines Lebens. Und nun? Und heute? Ich hocke verglasten Blicks und einen wollenden Schal um den Hals mit anderen verlorenen Gesellen in einer Anarchistenkneipe? Ich liege in der Gosse, wie sich 's gebührte?

5. Rezeptionsgeschichte und Materialien

Nein. Glanz umgibt mich. [...] Und wieso das alles? Wodurch? Wofür? Ich habe mich nicht geändert, nicht gebessert. [...] Ich weiß, was ein Dichter ist, denn bestätigtermaßen bin ich selber einer. Ein Dichter ist, kurz gesagt, ein auf allen Gebieten ernsthafter Tätigkeit unbedingt unbrauchbarer, einzig auf Allotria bedachter, dem Staate nicht nur nicht nützlicher, sondern sogar aufsässig gesinnter Kumpan, [...] in jedem Betrachte anrüchiger Scharlatan, der von der Gesellschaft nichts anderes sollte zu gewärtigen haben [...] als stille Verachtung. Tatsache aber ist, dass die Gesellschaft diesem Menschenschlage die Möglichkeit gewährt, es in ihrer Mitte zu Ansehen und höchstem Wohlleben zu bringen."
(zit. nach: Beisbart, S. 102 f.)

Literatur

Werkausgaben:

Thomas Mann: *Tonio Kröger/Mario und der Zauberer*, Frankfurt a. M. 2003 (Fischer Taschenbuch, Nr. 1381).
(Nach dieser Ausgabe wird zitiert.)
Thomas Mann: *Gesammelte Werke in 13 Bdn.*, hrsg. v. Hans Bürgin, Frankfurt 1960, 1974.
(Zitiert als ‚GW'.)
Thomas Mann: *Gesammelte Werke in Einzelbänden*, hrsg. v. Peter de Mendelssohn, 20 Bde., Frankfurt 1980–86.

Kommentare:

Dichter über ihre Dichtungen. **Bd. 14**: Thomas Mann, hrsg. v. Hans Wysling unter Mitwirkung v. Marianne Fischer, 3 Tle., Zürich/München/Frankfurt, 1975–1981.
Kurzke, Hermann: *Thomas Mann. Epoche – Werk – Wirkung*, München 1985.
Thomas-Mann-Handbuch. Mensch und Zeit – Werk – Rezeption, hrsg. v. Helmut Koopmann, Stuttgart 1990.
Vaget, Hans Rudolf: *Thomas-Mann-Kommentar zu sämtlichen Erzählungen*, München 1984.

Biografisches:

Breloer, Heinrich: *Die Manns. Ein Jahrhundertroman*, Frankfurt a. M.: S. Fischer Verlag, 2001.
(Das Buch zum gleichnamigen Film, siehe S. 119.)

Literatur

Breloer, Heinrich: *Unterwegs zur Familie Mann,* Frankfurt a. M.: S. Fischer Verlag, 2001.
Bürgin, Hans/Mayer, Hans-Otto: *Thomas Mann. Eine Chronik seines Lebens,* Frankfurt 1965.
de Mendelssohn, Peter: *Der Zauberer. Das Leben des deutschen Schriftstellers Thomas Mann. Erster Teil 1875–1918,* Frankfurt 1975.
Schröter, Klaus: *Thomas Mann in Selbstzeugnissen und Bilddokumenten,* Reinbek bei Hamburg 1964.

Zum Gesamtwerk:

Baumgart, Reinhard: *Das Ironische und die Ironie in den Werken Thomas Manns,* München 1964.
Diersen, Inge: *Thomas Mann. Episches Werk – Weltanschauung – Leben,* Berlin, Weimar 1975.
Eichner, Hans: *Thomas Mann. Eine Einführung in sein Werk,* 2., veränderte Aufl., Bern 1961.
Heller, Erich: *Thomas Mann. Der ironische Deutsche,* Frankfurt a. M. 1975.
Hilscher, Eberhard: *Thomas Mann. Sein Leben und Werk,* Berlin 1983.
Jendreiek, Helmut: *Thomas Mann. Der demokratische Roman,* Düsseldorf 1977.
Karthaus, Ulrich: *Thomas Mann,* Stuttgart 1994.
Kolbe, Jürgen: *Heller Zauber. Thomas Mann in München 1894–1933,* München 1987.
Lehnert, Herbert: *Thomas Mann. Fiktion, Mythos, Religion,* Stuttgart 1965.
Mayer, Hans: *Thomas Mann,* Frankfurt a. M. 1984.

Zu *Tonio Kröger:*

Baumgart, Reinhard: *Das Ironische und die Ironie in den Werken Thomas Manns*, München 1964, S. 105–116.

Beisbart, Ortwin: *Thomas Manns ‚Tonio Kröger'*. In: Jakob Lehmann (Hrsg.): Deutsche Novellen von Goethe bis Walser. Interpretationen für den Deutschunterricht. Bd. 2: Von Fontane bis Walser. Königstein i. Ts. 1980, S. 101–124.

Bellmann, Werner: *Thomas Mann: Tonio Kröger. Erläuterungen und Dokumente,* Stuttgart 1983.

Bräutigam, Kurt: *Thomas Mann. Tonio Kröger*, München 1969.

Geißler, Rolf: *Kunst und Künstler in der bürgerlichen Gesellschaft. Eine Unterrichtsreihe über Goethes Torquato Tasso, Grillparzers Sappho, E. T. A. Hoffmanns Kreisleriana, Buschs Balduin Bählamm, Wedekinds Der Kammersänger und Thomas Manns Tonio Kröger.* In: Literatur für Leser (1978) H. 2, S. 130–164.

Heller, Erich: *Tonio Kröger und der tödliche Lorbeerbaum.* In: Hamburger Akademische Rundschau 2 (1948) H. 11/12, S. 569–585.

Klussmann, Paul Gerhard: *Die Struktur des Leitmotivs in Thomas Manns Erzählprosa.* In: Thomas Mann. Erzählungen und Novellen, hrsg. v. Rudolf Wolff. Bonn 1984, S. 8–26.

Koopmann, Helmut: *Hanno Buddenbrook, Tonio Kröger und Tadzio. Anfang und Begründung des Mythos im Werk von Thomas Mann.* In: Gedenkschrift für Thomas Mann 1875–1975, hrsg. v. Rolf Wiecker. Kopenhagen 1975, S. 53–65.

Literatur

Kurzke, Hermann: *Thomas Mann: Tonio Kröger.* In: Interpretationen: Erzählungen des 20. Jahrhunderts. Bd. 1, Stuttgart 1996, S. 38–54.

Lehnert, Herbert: *Tristan, Tonio Kröger und Der Tod in Venedig. Ein Strukturvergleich.* In: Orbis litterarum 24 (1969), S. 271–304.

Ohl, Hubert: *Das Meer und die Kunst. Über den Zusammenhang von Erzählstruktur und Symbolik in Thomas Manns Novelle ‚Tonio Kröger'.* In: Literatur in Wissenschaft und Unterricht 22 (1989), S. 99–116.

Pütz, Peter: *Kunst und Künstlerexistenz bei Nietzsche und Thomas Mann. Zum Problem des ästhetischen Perspektivismus in der Moderne,* Bonn 1963, S. 67–75.

Reed, T. J.: *Text and History: Tonio Kröger and the Politics of Four Decades.* In: Publications of the English Goethe Society 57 (1986/87), S. 39–54.

Reich-Ranicki, Marcel: *Eine Jahrhunderterzählung: Tonio Kröger.* In: Marcel Reich-Ranicki: Thomas Mann und die Seinen. Stuttgart 1987, S. 93–108.

Seitz, Gabriele: *Film als Rezeptionsform von Literatur. Zum Problem der Verfilmung von Thomas Manns Erzählungen Tonio Kröger, Wälsungenblut und Der Tod in Venedig,* München 1979.

Walser, Martin: *Selbstbewusstsein und Ironie. Frankfurter Vorlesungen,* Frankfurt a. M. 1981.

Wild, Inge: *Thomas Mann: Tonio Kröger,* Frankfurt a. M. 1994.

Wysling, Hans: *Thomas Mann: Tonio Kröger.* In: Kindlers Literatur Lexikon, Bd. 21, S. 9439.

Zimmermann, Werner: *Thomas Mann. Tonio Kröger.* In: Werner Zimmermann: Deutsche Prosadichtungen unseres Jahrhunderts. Interpretationen für Lehrende und Lernende, Düsseldorf 1971, S. 100–124.

Zu *Mario und der Zauberer:*

Bance, A.: *The Narrator in Thomas Mann's ‚Mario und der Zauberer'*. In: Modern Language Review 82 (1987), S. 382–398.

Böhme, H.: *Thomas Mann: Mario und der Zauberer. Positionen des Erzählers und Psychologie der Herrschaft.* In: Stationen der Thomas-Mann-Forschung, hrsg. v. Hermann Kurzke. Würzburg 1985, S. 166–189.

Freese, Wolfgang: *Thomas Mann und seine Leser. Zum Verhältnis von Antifaschismus und Leseerwartung in Mario und der Zauberer.* In: Deutsche Vierteljahrsschrift für Literaturwissenschaft und Geistesgeschichte 51 (1977), S. 659–675.

Eigler, F.: *Die ästhetische Inszenierung von Macht: Thomas Manns Novelle ‚Mario und der Zauberer'.* In: Heinrich Mann Jahrbuch 2 (1984), S. 172–183.

Imhof, Eugen: *Thomas Mann: Mario und der Zauberer.* In: Der Deutschunterricht 4 (1952) H. 6, S. 59–69.

Leneaux, G. F.: *Mario und der Zauberer: The Narration of Seduction or the Seduction of Narration?.* In: Orbis Litterarum 40 (1985), S. 327–347.

Matter, Harry: *Mario und der Zauberer. Die Bedeutung der Novelle im Schaffen Thomas Manns.* In: Weimarer Beiträge. Zeitschrift für Deutsche Literaturgeschichte 6 (1960), S. 580–596.

Mayer, Hans: *Thomas Mann.* Frankfurt a. M. 1984, S. 162–170.

Müller-Salget, Klaus: *Der Tod in Torre di Venere – Spiegelungen und Deutung des italienischen Faschismus in Thomas Manns ‚Mario und der Zauberer'.* In: arcadia 18 (1983), S. 50–65.

Pörnbacher, Karl: *Thomas Mann ‚Mario und der Zauberer'. Erläuterungen und Dokumente,* Stuttgart 1980.

Sautermeister, Gert: *Thomas Mann: Mario und der Zauberer*, München 1981.

Schwarz, Egon: *Fascism and Society. Remarks on Thomas Mann's Novella ‚Mario and the Magician'.* In: Michigan Germanic Studies. Vol. 2, Nr.1 (1976), S. 47–67.

Zimmermann, Werner: *Thomas Mann. Mario und der Zauberer.* In: Werner Zimmermann, Deutsche Prosadichtungen unseres Jahrhunderts. Interpretationen für Lehrende und Lernende, Düsseldorf 1971, S. 284–305.

Materialien aus dem Internet:

http://www.buddenbrookhaus.de
(Dauerausstellung zu Thomas und Heinrich Mann)

http://www.cwru.edu/artsci/modlang/german380/mann.html
(umfangreiche Linkliste zu anderen Internetseiten über Thomas Mann und sein Werk)

http://www.tma.ethz.ch
(Website des Thomas-Mann-Archivs)

http://www.bibliothek.uni-augsburg.de/fach/germ/jonasbibl.html
(ca. 4000 Artikel und Rezensionen zu Thomas Mann)

Bitte melden Sie dem Verlag „tote" Links!

Tonio Kröger – Verfilmung:

Tonio Kröger. BRD 1964.
Regie: Rolf Thiele.
Drehbuch: Ennio Flaiano, Erika Mann.

Mario und der Zauberer – Verfilmungen:

Mario und der Zauberer. CSR (Verfilmung für das Fernsehen) 1978.
Regie: Miloslav Luther.

Mario und der Zauberer. Österreich/Frankreich/BRD 1994.
Regie: Klaus Maria Brandauer.
Drehbuch: Klaus Maria Brandauer, Burt Weinshanker.

Verfilmung des Lebens von Thomas Mann und seiner Familie:

Die Manns. Ein Jahrhundertroman. BRD (Verfilmung für das Fernsehen) 2001.
Dokumentardrama von Heinrich Breloer und Horst Königstein.

Wie interpretiere ich ...?

■ Der Bestseller!

Die Herausgeber der Buchreihe „Wie interpretiere ich ...?" wollen zur selbstständigen Arbeit mit den im Unterricht behandelten literarischen Gattungen anregen und dazu Hilfestellung geben.

Basiswissen beinhaltet:
- grundlegende Sachinformationen zur Interpretation und Analyse
- Grundlagen zur Erstellung von Interpretationsaufsätzen
- Fragenkatalog mit ausgewählten Beispielen
- Analyseraster

Anleitungen beinhalten:
- Bausteine einer Gedichtinterpretation
- Musterbeispiele
- Selbsterarbeitung anhand praxisorientierter Beispiele

Übungen mit Lösungen beinhalten:
- konkrete, für Klausur und Abitur typische Fragen und Aufgabenstellungen zu unterrichts- und lehrplanbezogenen Texten mit Lösungen
- epochenbezogenes Kompendium

viele Zusatzinfos
regt zum selbstständigen Arbeiten an
mit vielen Beispielen
bewusste Dreiteilung der Bände zum gezielten Lernen

Bernd Matzkowski
Wie interpretiere ich?
Sek. I/II (AHS)
124 Seiten
Best.-Nr. 1417-6   **Euro 10,00 [D]**
10,30 Euro[A] / sFr. 17,60
Basiswissen

Bernd Matzkowski
Wie interpretiere ich ein Drama?
Sek. I/II (AHS)
112 Seiten
Best.-Nr. 1419-2   **Euro 10,00 [D]**
10,30 Euro[A] / sFr. 17,60
Basiswissen

Bernd Matzkowski
Wie interpretiere ich Novellen und Romane?
Sek. I/II (AHS)
88 Seiten
Best.-Nr. 1414-1   **Euro 10,00 [D]**
10,30 Euro[A] / sFr. 17,60
Basiswissen

Bernd Matzkowski
Wie interpretiere ich Kurzgeschichten, Fabeln und Parabeln?
Sek. I/II (AHS)
92 Seiten, mit Texten
Best.-Nr. 1456-7   **Euro 10,00 [D]**
10,30 Euro[A] / sFr. 17,60
Basiswissen

Bernd Matzkowski
Wie interpretiere ich Lyrik?
Sek. I/II (AHS)
112 Seiten, mit Texten
Best.-Nr. 1448-6   **Euro 11,70 [D]**
12,10 Euro[A] / sFr. 20,20
Basiswissen

Thomas Brand
Wie interpretiere ich Lyrik?
Sek I/II (AHS)
205 Seiten, mit Texten
Best.-Nr. 1433-8   **Euro 13,30 [D]**
13,70 Euro[A] / sFr. 23,20
Anleitung

Thomas Möbius **NEU**
Wie interpretiere ich Lyrik?
Übungen mit Lösungen, Band 1
Mittelalter bis Romantik   ET 5/2003
mit Texten
Best.-Nr. 1460-5   **ca. 11,70 Euro[D]**
12,10 Euro[A] / sFr. 20,20

Thomas Möbius **NEU**
Wie interpretiere ich Lyrik?
Übungen mit Lösungen, Band 2
19. und 20. Jahrhundert   ET 5/2003
mit Texten
Best.-Nr. 1461-3   **ca. 11,70 Euro[D]**
12,10 Euro[A] / sFr. 20,20

Bange Verlag